做幸福的妈妈

The Happiest Mommy You Know

[美] 吉纳维芙 · 肖 · 布朗 / 著

吴达茄 / 译

海南出版社
HAINAN PUBLISHING HOUSE

The Happiest Mommy You Know
Copyright © 2017 by Genevieve Shaw Brown
Published in agreement with Abrams Artists Agency, through The Grayhawk Agency
All Rights Reserved
中文简体字版权 © 2017 海南出版社

版权所有 不得翻印

版权合同登记号：图字：30-2016-134 号
图书在版编目（CIP）数据
做幸福的妈妈 /（美）吉纳维芙·肖·布朗 (Genevieve Shaw Brown) 著；吴达茄译．-- 海口：海南出版社，2017.6
书名原文：The Happiest Mommy You Know
ISBN 978-7-5443-7112-4
Ⅰ．①做… Ⅱ．①吉… ②吴… Ⅲ．①母亲－角色理论②儿童－哺育③儿童－家庭教育 Ⅳ．① C913.11 ② TS976.31 ③ G782
中国版本图书馆 CIP 数据核字 (2017) 第 047230 号

做幸福的妈妈

作　　者：（美）吉纳维芙·肖·布朗
译　　者：吴达茄
监　　制：冉子健
责任编辑：孙　芳
策划编辑：刘申禺
责任印制：杨　程
印刷装订：三河市祥达印刷包装有限公司
读者服务：蔡爱霞
海南出版社　出版发行
地址：海口市金盘开发区建设三横路 2 号
邮编：570216
电话：0898-66830929
E-mail：hnbook@263.net
经销：全国新华书店经销
出版日期：2017 年 6 月第 1 版　2017 年 6 月第 1 次印刷
开　　本：787mm × 1092mm　1/16
印　　张：11.75
字　　数：150 千
书　　号：ISBN 978-7-5443-7112-4
定　　价：32.00 元

【版权所有　请勿翻印、转载，违者必究】
如有缺页、破损、倒装等印装质量问题，请寄回本社更换

目录

像你每天慷慨地爱你的家人一样爱自己 前言

天下所有的妈妈都一样：为孩子们制作完美的糖霜纸杯蛋糕带到学校吃，而自己却忘了吃早餐，只能在送孩子上学的路上匆匆忙忙塞个纸杯蛋糕当早餐；我们常把孩子打扮得漂亮得体，而自己则总穿着黑色工作裤；每次孩子稍微有点不舒服我们就会带他去看医生，而自己却两年都未曾进行一次体检。

这些情况听起来是不是很熟悉？我也是这样，直到最近才做出改变。我有非常强烈的意愿去做这些“正确”的事情，因而常常疏忽了自己。

但在此我要向你们分享我近日的状况。我这个多年尝试减肥却屡屡失败的妈妈，最近竟成功地减掉了最后一次怀孕的增重，并且和丈夫及孩子们一起去度了个假。上周，还和我最好的朋友一起喝茶聊天。

你相信吗？我变得更加快乐，因而也成了一个状态更佳的妈妈。毕竟，成为一个更好的妈妈是我一直努力追求的目标。

而这其中的秘诀非常简单，那就是我不再每天将孩子置于首位。我重新审视了我对孩子的过度照顾以及对自己的疏忽大意。我突发奇想，要是我也像照顾孩子那样照顾自己，结果会怎样。

这听起来是不是有点违背常理？我以前也是这么认为的。

这是一条很漫长的路。一路上肯定会有些许挫折与失败，但也会有几分惊喜。像照顾孩子一样照顾自己——这一简单的秘诀让我现在的生活变得比以往更加理智，更加顺利，也更加快乐。

就是这样。

我并不是要妈妈疏忽自己的孩子，相反，只是换个角度去考虑自己，在考虑孩子的同时考虑一下自己的需求，如给自己足够的睡眠，留出时间与同事和朋友们来往，甚至可以培养一项新的兴趣爱好。以成为一位更好的妈妈为最终目标，让自己变得自私一点。这一次，我像每天关爱孩子那样关爱自己。这就是我所做的。（这是一条漫长而又痛苦的路，但其中又不乏一些有趣的事，我将在书中一一道来。）事情并非总能如愿，但自从我在家中小范围地开始实践这种想法后，取得了不同凡响的效果。

是的，在家中实践。这就是我想要的吗？让我来解释一下，我爱我的孩子胜过世界上的一切，这种爱或许只有我对丈夫的爱可与之相比。说真的，有时我对他们那种强烈的爱会令我更加情绪化，从而失去理智。我们都爱我们的家人，愿意为他们做一切事情，例如为他们烹制营养美食；精心安排各种聚会和丰富精彩的活动；为他们准备和细心熨烫制作精良的服装……我们会为了确保他们能够睡好觉而去做一些不寻常的事。

这一切都很美好，对我们来说也不错。我们受到了周围人的赞扬，但问题在于，当孩子吃着天然的有机食物时，而你却在车里狼吞虎咽地吃着快餐；你每个周末为孩子安排两场聚会，而自己却两个月未见最好的朋友。这有些不正常。我们需要给自己找回一些动力、一些活动、一些时间，不必时时刻刻将我们所爱的人的需求放在我们自己的需求之上。

听我说，妈妈们，将孩子放在首位是你们最不该做的事。相反，试着给自己一点点照顾和关爱，就像你每天慷慨地爱你的家人一样爱自己。打开这本书，继续看下去，我将告诉你为什么，告诉你这一具有革命性的想法对于我的健康、婚姻、友情和幸福所产生的奇迹般的效果。这一改变也让我最终成为一个更好的妈妈。

我已经开始听从我的需求。在此我要告诉你们，成为最幸福的妈妈（或者是更幸福的妈妈）的秘诀并不太尽如人意。这个秘诀听起来十分简单，只是有点违背常理，但这却是我从生活中得到的一个血的教训。

将自己置于首位，有时真的是你对孩子能做的最好的事情。

我做到了。现在我要告诉你怎么去做。你也可以做到。

爱家人，也要爱自己

第 1 章

天啊，我吃得太不健康了：照顾孩子的饮食也要照顾自己的饮食

清晨 5 点，打开冰箱，扑面而来的亮光，如同接受审问时打在脸上的那种强烈灯光。我总会回过头来想，我的工作真的很辛苦。我做了生活中所有该做的事，甚至做得更多。难道就不能偶尔允许自己去食堂吃一小份温热的意式烤面条吗？允许自己像照顾孩子们的营养饮食一样照顾自己的饮食这一权限，为我吃东西的方式带来了根本性的变化。

清晨 5 点左右，在纽约市的家中，我的家人——丈夫、3 岁的女儿和 14 个月大的儿子都还在睡梦中，而我已早早起床，开始了一天的准备工作。早晨为孩子们准备白天一整天所需的食物，晚上赶回家及时为他们做好晚餐，这些都是我日常生活中的一部分。

我并不太在意那么早起。说真的，我从不睡懒觉。在没有孩子前，我也通常会早点起床，跑跑步，或者悠闲地享用一杯咖啡，再投入到工作中。自从当了妈妈后，这些惬意的时光变得遥不可及。我确实还没完全准备好有孩子后要这么早起。6 点半，甚至 6 点起床，我都可以接受，

但5点多起床实在太痛苦了。

清晨5点，打开冰箱，扑面而来的亮光，如同接受审问时打在脸上的那种强烈灯光。

日复一日。

倒不是我的小儿子每天早上5点就会起床。他是早起的人，从很小的时候几乎就每天清晨6点前起床。而我就要清晨5点起床，将一切准备就绪，以便我在接下来的一天里照顾孩子的任务能够顺利完成。我通常要为孩子准备好他们在我白天工作期间的用餐，接着为晚饭做好准备，因为晚上留给我的时间很短，一回到家不久就要开饭。

想象一下这样的场景：清晨5点，我身穿睡衣，睡眼惺忪，起来做饭。我的大多数朋友都觉得非常可笑。我老公觉得最好笑的一件事是，我作为一个成家了的、独立的成年人，想要照着食谱做菜，却不知道上面说的烹饪用具是什么。我又不是《食品商店》(一个美国烹饪节目)。

实际上，我是有了孩子后才开始进一步考虑自己的饮食。过去近20年来我吃的几乎都是垃圾食品，身体没有发胖真是幸运。我每天晚上都叫外卖，很少有绿色蔬菜，主要是加奶酪的食品。(是的，我现在也不太喜欢我在20几岁时的饮食习惯。)这样的饮食习惯其实更适合相扑搏斗选手，而不是忙碌的记者。还好在仅有的几次体检中，我的身体均处于完全健康的状态。

又匆匆过了几年，结婚，生第一个孩子，生第二个孩子……我发现我的身体状态已快接近纽约市健康标准的下限。我一直未曾对自己的身体状况感到担忧，直到我生了第二个孩子后的某一天。

然而，意识到这一点也并未对我的饮食习惯产生多大改变。是的，我偶尔会在周一早上醒来下定决心这周吃沙拉，但是一到周二中午，路过那些停在办公室外的美食餐车，我就抵挡不住诱惑了。在美食面前我意志比较薄弱，这是我唯一的陋习。说真的，我对此并不太担心。我觉得我的生活习惯还是较为健康的，因为我不抽烟，不服用药物，不酗酒，在大多时候我是一个模范公民。因此，我觉得我应该允许自己去吃一些自己想吃的食物，全然不在意这些垃圾食品正在逐渐地将我变成一个不健康的人——我花了很长时间才明白这个道理。

在我的小儿子威尔开始吃固体食物时，我决定不再沿用我在饮食方面所采取的这种退而求其次的方案。你知道吗？有件事让我内心觉得非常惭愧，我已经失败了一次，把我三岁大的孩子养得很挑食。我在脸书上加入的纽约市妈妈群里有人评论说：让一个三岁的孩子对水果、酸奶、花生黄油三明治和简单的意大利面产生排斥，等同于虐待孩子。

我不能再次失败。

我开始阅览各种关于婴儿营养健康方面的资料，在网上搜索婴儿食谱以寻找灵感。我访问了诸如 Weelicious.com 和 Picky-Palate.com 之类的美食网站寻求一些指导意见，在这里我找到了一些非常奇妙的方法，把蔬菜巧妙混到食物中，或做成非常可爱的样子，让孩子们忍不住放进嘴里。我参考了炒嫩蛋、杯式菜花、西兰花土豆泥、麻婆豆腐和清炒青江菜的食谱后，在接下来的每天早晨，我都将时间花费在厨房，去搅拌各种谷物，用烤箱烤制甜土豆，切割烤鸡，以及制作各种果蔬奶昔。在制作奶昔的过程中，既要确保水果本身所具有的甜度迎合孩子的口味，同时又不能完全覆盖蔬菜本身的味道，这样做才能解决孩子每顿饭挑食不吃蔬菜的问题。你知道这有多难。

全方位地获取相关食谱、攻略、手机应用、妈妈群和其他有关婴儿营养方面的资料非常简单。但对我来说，时间非常有限。我在 ABC 新闻公司拥有一份全职工作，主要负责线上生活方式报道的板块。这是一份重要的工作，是我多年努力的成果，工作也十分繁忙。所幸的是，我的工作稿件中有大量主题是关于育儿方面的，所以为孩子搜索资料与我为写报道搜索背景资料有些相互重叠的部分。因此，如果在办公室浏览美食网站被人撞见，很容易让人觉得我可能是在搜索与工作稿件相关的资料。

一天早上，我坐到办公桌前，正因为威尔早上不愿多吃两口鸡蛋的事而担心，担心这会衍生出一些长期潜在的问题：他是否摄取了足够的蛋白质？幼儿真的需要蛋白质吗？趁着浏览工作中有关生活方式的稿件和为当天报道列表选稿的空隙，我开始在谷歌搜索以下内容：

孩子不喜欢吃蛋可以用什么来替代？

讨厌吃鸡蛋是否意味着对鸡蛋过敏？

幼儿早餐摄取蛋白的替代方案。

如何让孩子吃鸡蛋？

我自己都觉得自己很傻。自我控制一下吧。我试着从脑海中清除有关鸡蛋的事情，重新集中精力，准备开始工作。在我要集中精力处理手中的任务时，所困扰我的还是那些有关鸡蛋的烦恼。“或许只是当时他恰好吃饱了而已。”我这样劝服自己不再去想鸡蛋的事情。我现在需要决定当天新闻有关生活方式的报道内容。我的工作是选择、分配和起草那些能够让人们明天津津乐道的文章。这是一项重要的工作，我需要集中精力！但是……嗯……鸡蛋的话……

在想这些有关早餐的事情时，我无意中看了一眼时钟，已是上午9点58分。我的肚子好饿呀！我今天吃早餐了吗？没有。ABC新闻公司食堂的早餐供应时间截止到上午10点，我已经来不及去食堂取鸡蛋当早餐了。我的同事中似乎没有人会在日常生活中碰到未能及时到食堂取早餐的问题，因为他们中的大部分人还没有孩子。当我环顾新闻室四周，看到到处都是鸡蛋、燕麦片、松饼和酸奶。酸奶！我今早不是带了瓶酸奶吗？我拿起包……没有酸奶！我把酸奶落在橱柜台面上了。

继续工作，我的肚子空空的，喝了两杯咖啡和一杯水来抵抗饥饿。不管了，到了中午再说吧。到了中午 11 点 30 分，我已经饿得头脑不清了，一头冲进食堂（重新开始供应午餐），来来回回找寻吃的食物。时间一分一秒地过去，想到还有堆积如山的电子邮件要回复，我就去排最短的队伍，希望获取一些安慰性食物。

炸鸡块、奶酪马克罗尼意面和土豆泥。这些食物看起来更像是受孩子欢迎的食物。我想这就是将它们称之为安慰性食物的原因。这些食物让我想起了童年时光。此时我又想到威尔，此刻他可能正坐在高凳上吃着蔬菜馅的有机火鸡肉丸、少量的谷物和一些切片的水果。在我将挑选的“安慰食品”放到纸袋里拿到收银台称重时心想，多幸运的孩子啊！这些安慰食品会让威尔想起他的童年时光吗？或许不会！

我开始认识到，我也希望能拥有和威尔一样的饮食，我也希望有人能为我烹制这些健康美味的菜肴。这样的话，我会感觉更好一点，并减掉身上最后几斤赘肉。我需要一个营养专家，帮我规划一日三餐，平衡我饮食中的蛋白质、谷物和碳水化合物的摄取比例。为什么我不能更好地照顾自己呢？

我脑子里开始冒出各种想法：你实在是太懒了！为什么不吃好点呢？你到底怎么了？你没看看周围，就属垃圾食品前排的队最短，难道你不知道为什么吗？这些食物对你的健康不利！要是我吃得好点儿那该多好。

然后，我就想，我每天早上 5 点起来为孩子准备的那些健康美食，我竟从来没有想过让自己也一同享用。

我是不是疯了？

我一直在指责自己不健康的饮食习惯，可是到现在为止我所做的唯一改善就是，在Seamless（美国在线订餐公司）订餐时尽量挑选那些标着健康标签的食物（多明智呀，是吧，我明白！），或在快餐中做个优差对比选择。实际上一直以来，我每周都会去食品商店购买健康食材，每天都会使用这些食材为孩子做菜，却不为自己做。

每天打开冰箱，里面都满满地装着健康食品，我却从来都不曾吃过。如果我的丈夫碰了这些食品，那么他就祈求上帝保佑他吧，那些食物可都是为孩子们准备的！

但是，为什么？为什么不允许自己也去享用这些健康营养的食物呢？如果我每天也能够对自己像对孩子那样关爱和提供营养饮食的话，生活会是怎样的呢？

好父母就意味着将孩子置于首位吗？

这个问题听起来很简单，相信有很多妈妈也常常听到这样的话。现在的妈妈们都有自己所推崇和坚持的育儿理念。我们可将此看作一种现代育儿的思辨现象。如果你选择与孩子同床而睡，那是因为你不忍心与宝宝分开，只要能够满足小家伙就不在乎自己的睡眠；如果你选择与孩子分床睡，那是因为你想培养孩子的独立性和良好的睡眠习惯。如果你选择工作，那是因为你想向孩子们展示如何成为一个独立的女人，为家庭经济做出贡献，并且拥有家庭以外的生活；如果你选择在家做全职主妇，那是因为你更加关心你的家庭，将陪伴孩子成长放在首位。

诚然，你会做出这样或那样的选择，为其做出牺牲，并找到各种支撑的理由。但是，你会发现我们在做任何选择时总会略带一种恐惧的心理——害怕把事情搞砸。而其实这一切均来自于一种特殊情感——我们对孩子全方位无条件的爱。爱自己的孩子，是天下所有父母的共性。但是，这样的爱对我们自己的幸福会产生什么影响呢？成为父母即是幸福吗？有关这方面的调查存在着两种截然不同的结论。一名来自英国公开大学的英国人在 2014 年做的一项调查表明，没有子女的夫妇比那些有子女的夫妇更幸福。研究发现，有子女的母亲对于社会关系质量、合作伙伴关系和关系维护的反应要消极得多，从社会关系或合作伙伴那里所获得的幸福感也比较低。诺贝尔奖获得者丹尼尔·卡尼曼博士在 2004 年做了一项针对 909 名得克萨斯州在职母亲的调查。结果显示，育儿在她们的日常愉悦活动排行榜中位居第 16 位（共 19 项），排在做饭、看电视和与同事来往等日常事务之后。《心理科学》（Psychological Science）在 2013 年所做的另一项研究则表明，有子女的男子比没有子女的男子更加幸福。同时还有些发牢骚式的言论，觉得生儿育女并没有让女性感到更幸福。

我们可以很容易地得出这样一个结论，至少对于某些父母来说，他们会觉得在孩子方面过度投入是导致自己对生活不满意的原因之一。从逻辑上来说，他们会觉得如果不在孩子身上投入情感、物力和财力的话，他们就能够留给自己更多的时间，自己也会变得更幸福。不必为了孩子去精打细算，这个也不买，那个也不买。

相反，我觉得孩子给我带来了前所未有的幸福。在很多时候，我的心里满满地占据着对孩子的爱。与孩子对视，我真的能感觉到我们彼此心意相通。如果他们不在我身边，我心里会很难受。晚上将他们放到床上睡觉后，我如释重负地松一口气，而一想到孩子珍贵的童年时光是如此短暂，转眼即逝，我就会伤心地流泪。

我知道，很多妈妈都跟我有同样的感受。非常感谢我的雇主能够在工作上给予我足够的弹性，让我能够扩大我的妈妈社交圈。我拥有一份全职工作，同时还可以陪伴孩子上音乐、体育、芭蕾和游泳课。因此，对于那些与我情况相同的妈妈——无论是在职妈妈、全职妈妈（自己或请人帮忙照看孩子）、丈夫经常加班的妈妈，还是单亲妈妈，我都会感到非常亲切。我有一个健康的女儿，还有一个需要特殊照顾的孩子——我的小儿子威尔，他患有唐氏综合征。因此，我必须两头兼顾。

在很多场合机缘巧合地结识了许多妈妈朋友，让我能够直接了解我对孩子的那份炽热的爱并不独特，而是一种非常普遍存在的现象。同时也让我非常确定，并非只是我会对孩子（对我的两个孩子）的健康感到无端恐慌。我们内心总会产生一种内疚感。这种感觉会频繁出现，并会持续较长的一段时间。每一天，睡前没给孩子讲故事，没有参与孩子的某节兴趣课，或是孩子没吃餐盘中的蔬菜，这一切都会给你带来压力。

但是仅靠这些“证据”远远不能确定孩子即是父母不幸福的根源。英国开放大学在 2014 年所做的调查表明，无子女的夫妇要比有子女的夫妇更幸福，是吗？可是，该研究还表明母亲是最幸福的群体。《社会心理学与人格科学》（Social Psychological and Personality Science）在 2013 年所做的一项调查表明，与普遍观点相反，越来越多的以孩子为中心的父母觉得他们能够从亲子关系中获得更多幸福和意义。换句话说，父母将孩子的幸福放在自己之上并非是件坏事，或者可以说孩子是父母不幸福的根源这一说法并不普遍存在。

我所认识的第一阵营的女性朋友似乎就可以归为这一类。一般来说，她们的生活很幸福，以孩子为中心，但缺少自信，渴望生活能够远离焦虑。珍妮弗·西尼尔（Jennifer Senior）的畅销书《有乐无趣：为人父母快乐与否的悖论》在育儿界中掀起一股讨论有关孩子对父母产生什么影响的潮流。在西尼尔的书出版前，有关亲子关系讨论的焦点几乎都集中在父母对孩子的影响上。通过观察和研究父母群体和具体家庭，西尼尔得出十分确定的结论：

孩子是改变游戏规则的人——其中包括婚姻、友谊，以及职业生涯的规则。

同时，还有另一个有关育儿风格的分类问题，这是近来出现的一种比较新的观点。望子成龙型的妈妈管得太多；老虎型的妈妈要求孩子事事都要做到优秀；依恋型的妈妈争取满足孩子的每个要求；自由型的妈妈鼓励从小培养孩子的独立性。每个妈妈都是满腔热血地贯彻自己的育儿理念，毫无疑问每个妈妈的意愿都是美好的。毕竟，如果能让孩子独立而学业有成的同时又能对妈妈产生信任感，何乐而不为呢？这些育儿标签给妈妈带来了选择阵营的压力，而不仅仅是简简单单地为人母。

不管推崇哪种育儿理念（或者不推崇任何育儿理念），都有一个共同点——尽我们所能让我们的孩子能够健康快乐地成长，将来立足于社会。于是，我们每天清晨 5 点起床为孩子们烹制有机菜肴，周六上午陪伴他们去上课而放弃自己的健身活动。哪怕我们辗转反侧无法入睡，也要让孩子在我们的床上睡觉。然而，当我们将所有精力投入到孩子的需求上时，我们自己的需要又将如何安置？成为父母后的生活注定要少餐、失眠、缺乏锻炼吗？

一定有更好的方法。

幼儿饮食方案

回过头来看我在食堂吃午餐的事。我经常都忙得焦头烂额、饥肠辘辘，从来都赶不及吃早餐。每天都是到公司食堂吃早午餐，或者下午要份点心两三口就塞进肚子。下了班回到家，我先把孩子们弄上床睡觉，再去冰箱找点吃的填填肚子，然后再等着救急的外卖。

我在想：为什么我就减不掉最后一次生育的增重呢？

密歇根大学的一项研究表明，有孩子的女人其体重指数要高于没有孩子的女人，并且其一天所消耗的热量也较多。而这导致的结果会是什么呢？在需要父母为孩子树立一种健康的行为模式时，他们却往往倾向于疏忽自己的健康。

为什么要采用健康饮食的方案，答案变得更加清晰：如果我和孩子们吃一样的食物（也就是不要将自己的需求放在孩子之后），我就能有效地改变我糟糕的饮食习惯。同时，也能为我那挑食的三岁女儿艾迪树立健康饮食的榜样。所以，我要采用幼儿饮食方案。

于是，我开始与纽约的营养学家尼科莱特·佩斯交谈。她向我解释说，婴儿的吃饭时间有一种天生的节奏，这种节奏在我们的成长过程中慢慢丢失了。

她说，我们需要从孩子身上找答案。佩斯指出，我们大家都习惯于朝九晚五的工作作息，而现在有孩子之后大多变成了朝五晚九。如果我们能够跟随孩子的生活节奏——不仅是吃的东西，还有吃的时间和理由，我们就可以帮助身体回到最佳体重。

于是，我幡然醒悟。我每一天都是始于早晨 5 点，准备那些重要的用餐。接下来 2 小时照顾孩子，再上 8 小时班，下班回家后花 3 个小时照顾孩子——做晚餐、给孩子们洗澡和讲睡前故事，到了晚上 9 点身心疲惫不堪。这就是我的一天。

佩斯说，我们将一切都置于我们自己的饮食之上。但是，如果是孩子们饿了，我们会尽我们所能去喂饱他们。

她说，我们大人很少这样照顾自己。我回想起某个早上在厨房的情景。我正专心地准备健康早餐，并确保孩子吃下去。我认为，他们早上所吃的东西对于接下来的这一天起到决定性作用。我试图让孩子们采用特定顺序吃东西，要坚守这一原则太累了，每一次尝试都以失败告终，但是还得再次去尝试。

例如，早餐为他们准备了水果、酸奶和黄油烤吐司。那么，我会尽量把黄油烤吐司放在最后给他们吃。这样做的话，他们就能够在肚子最饿的时候吃健康食物，而不会让黄油烤吐司占满肚子，将健康食物剩在盘中。我已不太记得，这方法是从某个地方看到的，还是我自己想出来的，但是吃饭先吃健康食物已成了我们家的一个规矩。

显然我把心思都放在了这上面。

但我却很少吃早餐。这太堕落了。我很关注孩子们早上所吃的食物以及吃食物的顺序，我认为早餐是一天的健康基础，而自己却甚至连一口早餐都没吃。

佩斯说，幼儿不会漏下一顿饭，这是大人应该学习的地方。而且幼儿在不饿时会推开食物，例如那个糟糕的早晨威尔拒绝吃鸡蛋。幼儿会听从自己的身体，知道什么时候饱，就停下来不吃了。

这是另一个我要改变的行为。有一天，我和我丈夫瑞恩正吃着我们最喜爱的从上东区买来的三明治。我打包的这种食物就是个热量炸弹——蛋黄酱（蛋黄、油和醋的混合酱）意大利巨无霸，中间夹着好几种肉和奶酪，但非常美味。

三明治巨大无比，我通常吃到一半就吃不下了！两三口吃完一半后，看着剩下的另一半三明治，我对瑞恩说我要不要吃完剩下的这一半。此时，我肚子已经饱了，可还是很想把剩下的一半也吃了。非常神奇。或许我该把它放起来？

他答道，如果把剩下的三明治放起来，再拿出来的时候会变潮，根本没法吃，最后还是得扔掉。这正是我想听到的。于是，我在本来已饱的肚子里再塞进剩下的另一半意大利巨无霸。

佩斯说，控制食量——知道自己什么时候饱非常关键。她说，新生儿的胃部只有樱桃般大小，胃会随着成长慢慢变大，到成年时胃容量大概有足球般大小。那个巨无霸明显就比一个足球大，或许有2.5倍垒球大。将整个巨无霸吃下去，不仅会让你的肚子撑得难受，还会让你产生罪恶感——有种做坏事被妈妈发现的感觉。

从佩斯那里了解的这些知识，让我胸中燃起一团正义之火，我决定开始执行幼儿饮食方案。（这周还正好赶上感恩节，到处都是美食的诱惑。）我决定跟孩子同时用餐，吃相同的食物。我对于自己的饮食菜单也投入相同的心思，所吃的食物也非常简单。

第一天

早餐：炒嫩蛋和希腊酸奶

午餐：三块鸡块和豌豆

点心：葡萄、咸饼干和豆泥

晚餐：快炒素鸡

第二天

早餐：半个百吉饼、鹰嘴豆泥和牛油果

午餐：快炒素鸡和米饭

点心：希腊酸奶

晚餐：墨西哥奶酪牛油果卷

第三天

早餐：水果燕麦和吐司抹鹰嘴豆泥

午餐：蒸粗麦粉和火鸡奶酪迷你卷

点心：奶酪和咸饼干

晚餐：火鸡、馅料和豌豆

第四天

早餐：培根、鸡蛋和奶酪

点心：酸奶

午餐和晚餐：火鸡、馅料、素鸡肉、小圆面包和蔓越莓点心

这些食物都非常美味。由于这些食物比垃圾食品更具有饱腹感，所以你实际吃的量会更少。采用此方案还让我节省了一些钱，虽然我们的饮食质量上去了，但实际成本还是要比吃公司食堂和外卖等油腻的食品更便宜。采用了幼儿饮食方案 4 天后，我的体重减了 2 斤多。在此期间，我不会有饥饿感，人也更加精神，并且用餐也更加营养均衡。

这引起了我的兴趣。

在工作中，我将这一发现写成文章发表。在我点击发表后，轻轻地拍了下背，接着写下一篇文章。这时，我刚发表的那篇文章开始受到很多人的点赞，网上一下子传阅开来。有人说，这篇文章令其感到最痛心的是，作为成年人的我们竟常常疏忽自己的饮食健康，我们试问自己是否会允许孩子们也去吃我们所吃的这些东西。另一个人说，这个方法真的很管用。显然，幼儿饮食方案——更重要的是，妈妈们将自己的需求与愿望提到重要位置这一概念是可以为人所接受的——真的引起了那些读这篇文章的妈妈们和其他人的共鸣。

接着，来自早安美国的一位资深制作人打电话给我，问我是否愿意将这些内容拍成短片。我虽然在 ABC 新闻公司工作，但属于线上报道部门。我为网站所写的文章也曾被拍成电视短片。在之前的短片中，我主要担任的是记者身份，而这一次则是研究对象。但是，大家对我的这篇文章有了如此热烈的响应，看来这篇普普通通的文章还挺让人感到兴奋的。

我们拍了这部短片，播出后收到了大量观众的反馈。其中大多数都是正面反馈，但有少数批评者指出，并非每个人都会这样照顾孩子们的饮食，更不用说对待自己的饮食了。我明白，但是可能短片未能完全表

达出我所想要表达的意思，这也是我在实验中的主要发现——妈妈们把所有心思都放在给予孩子最好的事物上，而从未想过用同样的方式去对待自己。我不是要说时间和资源不允许我们这样做，我是想说为什么我们从未考虑过像每天关爱和照顾我们的孩子一样对待自己，至少我是这样的。在我到处找寻真正的营养概念的时候，我比以往更加清楚地认识到，只要打开冰箱，答案一直就在那里。

坚持到底

坚持几天幼儿饮食方案相对简单，即使碰到感恩节也能坚持住，但是要长时间坚持就会比较难。我总会回过头来想，我的工作真的很辛苦，我做了生活中所有该做的事，甚至做得更多，难道就不能偶尔允许自己去食堂吃一小份温热的意式烤面条吗？

当我发现自己落入自己的陷阱时，我笑了，这太傻了。我吃的这些食物只能算是安慰食品，根本解决不了问题。这些食物可能在吃的瞬间觉得非常美味，其实会让人感觉不舒服。再者，这些食物也无法为我忙碌的一天提供能量。自从感恩节开始，那些日子我采用了幼儿饮食实验方案，我所了解的知识得到了印证——如果我吃好点，那么我一整天的做事效率就会更高。因此可以得出这样一个结论：更健康的饮食会带来更多幸福。这也是我想实现的目标。

但问题是我总无法坚持贯彻这一饮食方案。每次都觉得自己很失败，非常难过。在数周和数月里，只有一到两天能够实施幼儿饮食方案。其实是我没规划好，每次不是漏掉早餐，就是把午餐落在橱柜台面上忘记吃，于是不得不去墨西哥玉米煎饼店买食物吃。

我决定把实践范围缩小，从一整天缩减到只有早上。如果说早餐是一天饮食的基调，那么有这样一个健康的开始，我至少会对后面的用餐做出更佳的决定。

于是，周日我去食品杂货店囤积了一星期的食物。我下定决心，只买我会为威尔提供的或至少是我想让艾迪吃的食物（记住，她有可能喜欢吃花生黄油三明治）。火鸡培根、有机散养鸡蛋、新鲜浆果、简单的蜂蜜希腊酸奶和格兰诺拉麦片——这些成了我购买的主要食材。

几天下来进展得非常顺利。每天早餐我都与威尔吃一样的食物，而午餐和晚餐偶尔吃一样的。真是立竿见影，头 5 天就减了 2 斤，这个结果非常令人满意。这真的很有效。

尽管，我竭尽所能坚持这一方案，但是仍然在某些早晨没有时间为自己打包好午餐。我尽量不让自己消沉下去。在与尼科莱特·佩斯的谈话中，我了解到减肥的关键未必是吃得少，而是吃得不一样。有一次我想到在肚子饿之前，提前安排进食，实现胃部消化的无缝连接。

佩斯建议采用时间间隔进食方法。她说，让食物停留在胃中 2~4 个小时是比较好的选择。因此，在下次肚子饿前（在我们变得又饿又气之前），你就已选择好进食健康食物来避免饥饿感。这非常有道理。毕竟，孩子用餐也是有时间间隔的：早餐、上午点心、午餐、下午点心和晚餐依次是安排在上午 7 点、上午 10 点、中午 12 点、下午 3 点和下午 6 点。

但是，有一天我没与威尔吃同样的早餐，只是一天，这一切努力都付诸东流。不久，我又重捡回我最近 5 天所减的 2 斤体重。

与威尔相同早餐的食谱

星期一

早餐：奶酪炒嫩蛋和一片烤吐司

午餐：蔬菜汁

晚餐：鳕鱼、蒸粗麦粉和烤蔬菜

星期二

早餐：西兰花、切达干酪乳蛋饼和覆盆子

午餐：烤鸡肉和菠菜沙拉拌希腊沙拉酱与奶酪丝

晚餐：三种炸玉米饼（出去与朋友共进晚餐）

星期三

早餐：西兰花、切达干酪乳蛋饼和覆盆子

午餐：意大利番茄沙拉

晚餐：鳕鱼、蒸粗麦粉和牛油果

星期四

早餐：营养谷物棒和酸奶

午餐：三文鱼、蒸粗麦粉和烤蔬菜

晚餐：鸡肉沙拉牛油果卷

星期五

早餐：炒嫩蛋

午餐：火鸡和奶酪卷

晚餐：菲力牛排

5 天下来减掉 2 斤。回顾这一周，我丝毫没有任何被剥夺的感觉。我感到好极了，精力也更加充沛。同时，餐后也没有任何不舒服的感觉，更没有出现疲惫感。但是，接下来的一天，我没有采用该饮食结构，问题就出现了，这一切均始于那天早上威尔吃了一碗燕麦片而我没吃。

这一天做的一个错误决定导致我最近一周所做的努力付诸东流。我觉得糟糕透顶，但说实话，周六的食物非常美味。

第二天，我重新执行改良版的幼儿饮食方案——即从与威尔吃同样的早餐开始。

最烦人的一点是，只是一天没延续健康饮食方案而已，为什么要付出如此惨重的代价。但是，当我回顾那一周的菜单食物，很多时候我会对这一周为自己和家人所选择的食物而感到自豪。吃这些食物，让我精力更加充沛，身体更加轻盈。我突然意识到，通过幼儿饮食改变了我多年来不健康的饮食习惯，这是一条非常漫长曲折的道路，到处充满了玉米煎饼的诱惑。

减肥的意愿不仅仅是让自己感觉更好和身体更加健康，主要还是一种虚荣心——要瘦。我敢肯定你们一定听说过这样的一句话，摄像头会让你看上去胖 10 斤。作为一个偶尔上电视的我告诉你，这话一点儿也不假。如果你在电视中看到某位你所喜爱的新闻主播，她看起来苗条，那么你应该看看人家在现实生活中是怎么做的。不要自欺欺人地以为成功维持身材的女人就一定都还没有孩子，事实恰恰相反，她们中许多人都是有孩子的妈妈。

但是，对于非公众人物而言，他们不用每天早上受到数以百万的人审视，减肥自然就放在次要的位置。来自卫生组织的一项研究表明，有四分之一的女性孕前体重为标准体重而孕后则增加了 20 多斤。这一问题在低收入女性群体中尤为突出，主要原因是育儿资源匮乏、身体缺乏锻炼以及未能获取昂贵而健康的食品。

那么，我的借口又是什么呢？我没有任何借口。我突然意识到，我找不到一个不减肥的理由。然而，我还一再地减肥失败。可想而知，对于那些真正生活困难的女性朋友来说减肥有多难。

而事实是，我们所有人在生活中都有困难吗？有的人可能家庭收入少，但有一个爱她的丈夫；有的人可能生活富裕，但需要照顾生病的父母；有的人可能外表光鲜靓丽，但却有一个背叛她的丈夫；有的人可能拥有一份伟大的工作，但却得不到家人的支持，请保姆又不知是否可以完全信任她；也许有人似乎拥有了一切，但却陷入孤独的痛苦深渊中。

没有人能拥有一切美好的东西，不管他在朋友圈看起来是什么样的。

如果妈妈不快乐

这是我写此书的原因。尽管我在前面章节详细介绍了“一周饮食计划”，但这并非是一本教你如何减肥的书。我不是要给你提供一个菜单或饮食计划，让你遵照执行。每个人都会找到最适合自己的食物和食量。然而，对于我来说，采用与孩子们相同的饮食方案（吃健康食物、关注吃饭的时机）真的能够让我有切身的体会，让我意识到食物不仅仅是放进嘴里的东西。我也开始琢磨为什么吃优质的食物会让我们感到如此快乐，为什么我们自己要去拒绝这种我们每天本能地为孩子们提供的那种快乐。

当我们去爱一个人（比如我们的孩子）时，就会发生这样的情况：他们的幸福和健康成为我们眼中唯一的追求。我们付出时间和金钱，力求以更完美的方式养育孩子们，为我们的孩子们寻找“快乐”，却忽视了自己。总把孩子放在第一位会产生什么长期的影响呢？如果我花了这么多时间专注于我的孩子们的幸福，将会怎样？如果我没有给自己任何时间，将会怎样？

今天，我仍然坚持实施我的饮食方案。这一方案有时贯彻得很好，有时却无法坚持。总体来说，允许自己像照顾孩子们的营养饮食一样照顾自己的饮食这一权限（更可以说是挑战）为我吃东西的方式带来了根本性的变化。

一开始的成功给了我信心，让我想将此理念扩展到更多的领域。

于是，我在生活的其他方面也应用相同的理念，例如在睡眠和锻炼等个人方面或与家人的互动方面均做了一系列小改变，让妈妈这个角色变得更加轻松和愉快。我将此看作是成为最幸福妈妈的一项挑战。

有句老话，日长年短。艾迪出生仿佛还是昨天的事，但转眼间已是 4 年前的事。这 4 年光阴一眨眼即逝。看着孩子逐渐长大，我时常黯然神伤，我多么想竭尽全力让时间就停留在这一刻，让他们永远留在我身边。

我知道这一切是不可能的。不管你怎样做、怎么想，他们终究有一天会长大。

然而，我所能做的是让这些短暂的时光变成他们和我之间最美好的时光。因此，我不希望这些日子这么快就结束。孩子长大成人后，我希望在回顾这些时光时，我满怀快乐，而不是懊悔。我希望每天这些神奇时刻都能转变成最美好的时光，我希望我们家中每一位成员都是最快乐的，希望这些时光成为我们生活路上最美的景色。

这不是一本由医学博士所写的书，而是一本有关于我个人生活旅程的书——即我在生活的若干个方面，例如饮食、锻炼、时尚、社交和娱乐活动等采用幼儿节奏后的变化，以及我如何做到在关注家人需求的同时又不忽视自己的需求。

多锻炼，多睡觉，晚上出去与朋友约会，培养新的兴趣爱好以及见女闺蜜……这些都会为你带来精神上的愉悦吗？答案是肯定的。但是，妈妈要怎样才能在不牺牲孩子快乐的前提下让自己变得更快乐？毕竟，一天的时间是有限的，一个人的精力也是有限的。

我的理论是，我们在育儿专栏中常见的那些任务清单，虽说有所帮助但并非每一项都有必要。相反，仅需一个建议就能将我们从一个一味去牺牲的妈妈转变成一个更加全面而快乐的妈妈，这对于孩子来说也是如此。

像你每天本能地照顾孩子一样照顾你自己。

第 2 章

你需要睡个好觉：尽可能确保有个健康的夜间休息

如果你让任何一位妈妈来说说她一天的感受，你所听到的答案就是“累”。睡眠被剥夺是家长们所面临的一个非常现实的问题，这给整个育儿过程加上了许多消极的色彩。当你睡眠不足时，会更加疲惫不堪，更加接近崩溃。睡眠专家梅尔策说，良好的睡眠不仅是照顾好孩子的关键，还有利于家庭和谐。

在这里，我要告诉你一个秘诀。如果你还没有阅读过本书其他章的内容，那么可以先读这一章。如果这一章的内容都无法实现的话，那么要实现其他章的内容就更加困难了。只要这个问题解决了，其他问题也就迎刃而解了。

对于睡眠的事，我一向很执着，自始至终如此。对于家中每个人的睡眠问题，我也都持着相同态度。在艾迪出生后的每一天，我都会与别人谈论那些有关孩子以及我自己睡眠的琐事，而这谈话的对象 98% 是我那可怜的丈夫。换句话说，结婚 12 年来，与该话题相关的谈话几乎超过

1500 次。他简直是个圣人。

大家可以想象得出，没有什么比倾听另一位成年人谈论夜晚睡眠更加无聊。即使是这样，这些年来瑞恩每天早上还是会问我："你睡得怎么样？"

如果我的回答是睡得不好，那么他就得祈求上帝保佑。因为不知何故，我觉得我睡得不好就是他的错。像清晨 4 点醒来带艾迪去洗手间回来后再也无法入睡，想想这件事本来与瑞恩没关系，但事实上我还是会去怪罪他。

如果我睡得很好，那么对瑞恩来说就是一个好消息。在他上班前这段时间，我至少不会变成一个怒目而视的泼妇，而是会和他开玩笑，礼貌地讨论未来一天的细节和需要完成的事情，边哼着曲子边为孩子们打包带去公园吃的点心。

执着于孩子们和瑞恩的睡眠问题，不是因为我很关心他们的健康，而只是纯粹地从我个人的角度出发。我关注其他人的睡眠，是因为这直接影响到我自己的睡眠。关注自己或自己的睡眠模式也是成为幸福妈妈改造计划中的一个领域，在此方面我无须做大幅度调整即可实现。在他俩出生前，我就一直非常重视我自己的睡眠。

宝宝的睡眠训练

我得承认从孩子一出生开始，我就极其关注他们的睡眠模式。

我当时不懂什么育儿知识，只听说孩子睡得都很少。我的两个兄弟，每人有两个孩子，在有孩子的最初几年里几乎累得都没有时间与我说话。

因此，我明白，宝宝睡了我才能睡。对一个视睡觉如生命的人，睡眠就成了头号育儿问题。

如果母乳喂养，同床而睡，那么睡眠这事就别谈了。我不想听到任何诸如此类的话。我所想要知道的是，如何让宝宝按时睡觉，最好是尽量少哭闹。完全坦诚地说，如果说成熟的哭声免疫法是实现该目标的唯一方法，那么我也会采用，不管大家怎么评论。

幸运的是，我偶然发现了另一种方法。艾迪出生前，我购买了一本书叫《12 周龄睡 12 小时》。我询问了每位认识的妈妈有关他们孩子睡眠的事情，听到的几乎都是孩子彻夜未睡的答案，我深感不安。无论是几个月或几岁孩子均是如此，父母似乎也接受了这一事实。

只有一个是例外。

我朋友的朋友叫娜塔莉。我几乎不认识她，只知道她是位典型的 A 型血人。至少从我的角度来看，她在制定时间表、恪守时间和遵循秩序方面表现得非常出色。这就是那种我想要成为的女孩。在一个偶然的机会，我们相遇。当她谈论起她的两个孩子时，提到借鉴《12 周龄睡 12 小时》的方法进行睡眠训练。

我竖起了耳朵听，娜塔莉的推荐肯定不会错。

虽然，对于那些夜间不断醒来的妈妈来说，12 周可以说是相当漫长的一段时间。一些最近的调查研究表明，如果能实现书上所说的让宝宝在 12 周龄时能睡 12 小时，如同奇迹发生一般。

我逐字地读这本书。一遍一遍地读，一段一段地读，生怕错过某个步骤。我怕错过某一步，会导致失败。我严格按书上所说的去做。该书采用了“有限哭声免疫法”，据报道该方法可能要求父母更加辛苦点，但是远没有“哭声免疫法”那么纠心。

很好。

该方法包括延长宝宝白天喂养的间隔时间，让宝宝消耗掉他所需的所有食物，从而使他不需要晚上醒来吃东西。这很难实现。我花了几个小时让艾迪在我膝盖上弹跳，寒冷天气在街区来回走着转移她的注意力，尝试给她唱歌，陪她看书和陪她玩耍到饭点。

有几次我差点就要放弃了。但一想到我以后就可以整夜不用醒来，这一点非常吸引人，于是我坚持了下来。

即使瑞恩说，这没什么效果，还是放弃吧，艾迪还是会半夜醒来，不值得这么辛苦。我还是坚持了下来。我重视睡眠，却一直睡不好。所以，我希望为艾迪培养一个良好的睡眠习惯，这是一份有望持续陪伴她一生的礼物。

当然，这对我来说也是一份美好的礼物。

终于有一天，晚上 7 点就将她放在床上睡觉，她睡到第二天早晨 7 点，期间没有听到她发出任何声音。当时，她 12 周零 1 天。

我还害怕她出什么事了，怎么一点儿动静都没有。我踮着脚尖走进她的房间看了一眼，看到她的背部正伴随着呼吸一起一伏。

胜利是属于我的。

当时受众人嘲笑的这个方法（我妈妈说："这不可能。"）奏效了。我的孩子就像上了发条装置，一整晚可以睡 12 小时，而且是每天晚上。

当然，两年后随着威尔的到来，我很少有时间再去阅读和重读这类有关睡眠训练的书籍。但是，我还是能够记起书中的总体思路并照着做。我根本不费吹灰之力，就可以让他整晚睡大约 10 小时。

威尔通常是放进婴儿床不到一分钟就睡着了。现在，艾迪三岁了，不再像以前那样心甘情愿上床睡觉。大约在她三岁时候，脑子里开始有鬼点子：我让她做一些事情，比如上床，她倒不会直接反抗，而是想法子为自己争取 20 分钟时间与我们慢慢磨。这些小孩狡猾得很。

有段时间我为她设计了一个睡觉前的行为程序，可以让她安静地睡一整夜，除了中间醒来上厕所。

该安排是这样的：吃晚饭，洗澡，允许她看一会儿电视节目。电视关掉后，我们要么安安静静地玩耍，要么阅读几本书。然后，她会要求我将她的房间弄成水疗中心。于是，我用带香味的蜡烛打造幽暗光线和令人平静的氛围，打开 iPad 上面“水疗音乐”台，播放缓和的背景音乐让她放松。（iPad 藏在床底下，这样屏幕光线就不会分散她的注意力。）一切听起来似乎很愉悦，对吧？

相反，我和瑞恩晚上的日常是：孩子们都上床后，我们可以去厨房找点吃的或订外卖吃（直到后来我开始实施幼儿饮食方案），接着洗脸、刷牙等。我们躺到床上，大屏幕的电视播放着电视剧《至亲血脉》，光线照亮整个房间，而我俩同时看着电视、手机或 iPad。

我终于入睡了之后，瑞恩将《至亲血脉》换成《纸牌屋》。有时，我中途醒来，发现他睡着了，电视还开着。我想关掉电视，但我够不着遥控器，因为瑞恩躺在遥控器上面，我不想叫醒他。所以，我又睡了过去，只待某个时候电视强光或噪音再次吵醒我。这次，我会叫醒他去关掉电视。于是，他又开始看他的手机，至少看一个小时。最终，我又再次醒来（希望在孩子醒来前），我洗了个澡，去做孩子们起床前的准备工作，并做好早餐。每晚都重复着相同的动作。

而我们的孩子正睡在隔壁的水疗屋。

睡眠为何重要

如果你让任何一位妈妈来说说她一天的感受，你所听到的答案就是“累”。睡眠被剥夺是家长们所面临的一个非常现实的问题，这给整个育儿过程加上了许多消极的色彩。所以，我们常常会看到妈妈们的眼睛下方都有眼袋，她们对自己的外表不自信。这就是为什么我们容易经常对我们的孩子感到暴躁，为什么我们没有精力锻炼身体，为什么一大早穿着黑色紧身裤，像是要去完成一项艰巨任务一样。这也是为什么我们选择待在家不与朋友外出的原因。这一切只是因为我们太累了。

美国国家犹太健康中心儿科副教授、科罗拉多大学医学院家庭医学助理教授、国家睡眠基金会杂志编委会成员丽莎·梅尔策说，睡眠不佳对于养育孩子确实产生了不利影响，甚至完全可以说是对孩子的生活产生负面影响。

她说，当父母没有获得足够的睡眠时，他们生活的各个领域都会受到影响，继而对他们的日常育儿工作产生负面影响。举个上班族父母的例子。如果他们没有获得足够的睡眠，他们的工作会受到影响，从而造成压力。他们会将这些压力带到家中，发泄在孩子们身上。这是一种反作用或"踢猫效应"——即让我们的压力伤及我们身边无辜的人。

换句话说，为了确保孩子快乐，不仅孩子需要良好的睡眠，孩子也需要你拥有一个良好的睡眠。

这话直戳要害。有几天，甚至是几周，我坐在 ABC 新闻公司的办公桌前，心力交瘁才勉强能够完成一天最低限度的工作量。有一天，我实在是太累了，离开办公室，走到马路对面的中央公园，穿着套装躺在草地上睡着了。

虽然这很滑稽，但在当时那些日子里，我内心其实非常感激能够拥有这份工作，而不用整天待在家里面对孩子们。因为，即使在我精力最充沛的时刻，即使给了我充足的睡眠，让我的小世界里一切都美好，我还是没有足够的耐心面对。

带走睡眠，一切将变得相当艰难。

在艾迪三岁半时，她要张大公主床。我最初反对，觉得婴儿床一直用得好好的。有一天早晨，她开始爬出婴儿床，走进我们房间，于是我明白了，真的不一样了，该为她订张新床了。

事情真的发生了变化，至少对于我们的孩子来说真的发生了变化。在新床送到我们公寓那天，艾迪不再是三年半来我见过的睡眠最好的孩子。

我妈妈说，好日子结束了。

确切地说，我们有数天，甚至连续数天无法好好睡觉。情况甚至更糟糕。无法休息的情况大多数都发生在假期，我和瑞恩同孩子们共享一间卧室的时候，或是遇到特殊事件，如威尔长牙，这时就意味着我俩其中一个要保持清醒。

这张大公主床给我的生活带来了 180 度的转变，我又回归到睡眠不足的噩梦中。

新床到后，她拒绝睡在上面。她尖叫起来像一群羊在尖叫一样。即使让她与弟弟在同一个房间睡觉，也一样。你肯定能猜到我们最后让她睡在哪里了。

是的，睡在我们床上。

若干个月根本没有什么日常安排可言，天天几乎是失眠的状况。每天晚上你都不知道会发生什么状况——陪她躺 20 分钟？两个小时？每晚都令我感到焦虑和挫败。

正是在那段令人接近崩溃的时间里，我在 ABC 新闻公司的当上妈妈的女同事来找我，问我是否可以为她提供些建议。玛丽的女儿突然拒绝睡觉，玛丽大约凌晨 4 点 30 分就要起床，赶着 7 点去公司上班，这使她陷入绝望。

她说："我不知道该怎么办。她（女儿）就是不睡觉。昨晚我太累了，我躺着压住她，不让她离开床。她一边踢一边尖叫，我只能抱着她，我不知道自己还能做什么。"

我与她分享我近期的战斗史，讲述了曾在上周末上演的场景。瑞恩不在，所以只能我自己照看两个孩子。我们还是像平常一样去公园玩。虽然我一直以来都坚持着婴儿饮食戒律，但是周末我几乎忘了去食品店采购，我真想不出怎么为他们做饭。于是，我决定把这一天作为作弊日。我决定出去吃。

我给他们洗了澡，帮他们穿上睡衣，然后放在双座婴儿推车里，我们沿着街区到摇摆小屋吃美味的汉堡和薯条。是的，我带着穿睡衣的他们出去吃晚饭。在那时，我没有心情帮他们换上外出的衣服，回家再换回来。再说当时是下午 5 点 30 分，谁会在意呢？反正我是不会在意的。

于是我们就出发了。晚餐非常令人满意。夜色很美，我决定绕弯路回家，将 10 分钟路程变成 20 分钟路程。

到公寓时是 6 点 45 分。门卫举起手指放在嘴唇上提醒我，孩子们都睡着了。我难以置信，两人都睡着了，当时才 6 点 45 分。

我推着婴儿车进了公寓，将威尔放到他的婴儿床，而没有去偷看一眼。等了 10 多分钟，把艾迪放到她自己的床上。完事了。

我走进我的房间，坐在我的床上。此时是晚上 7 点，这两个孩子都睡着了。我给瑞恩发短信，告诉他我胜利的经过。他们都睡了！两个都睡了！几个月来一直努力让艾迪入睡，现在终于成功了。

也许我该在我的卧室里跳段快乐的吉格舞。

就在我讲完那晚美美地睡了一觉第二天上班的故事后，我问玛丽：“我该怎么办？每晚都给他们换上睡衣然后带他们去散步吗？哈哈。”

她死死地看着我，脸上没有一丝笑意，说道：“是的，这正是你要做的。”

直到现在我才知道这个方法。要是我早知道的话，我也绝对会每晚都这样做。

不惜一切代价睡觉，对吧？

问题是这方法并不总行得通。总会有工作缠身无法每晚都能按时回到家的时候；总会有雨雪天气和极其炎热天气让你无法进行夜间步行活动的时候。（另外，我的孩子们和我的腰围都无法每天晚上消受得起汉堡和薯条。）我需要一种让宝宝入睡的方法，但绝不可以是这种推婴儿车漫步法。

母亲太累的一个主要原因，就是缺乏睡眠，当然还有更多其他原因。即使每天不断将小孩抱起和放下这本身就是件体力活；身处城市的妈妈需要无休止的行走以及推婴儿车；身处郊区的妈妈需坐车进进出出；我们所有人面对的是，无休止的清理工作，以及应对食品、饮料、玩耍时间、电视节目等一切事物的需求。

身体的疲劳真实存在，并且一直持续着。然而，还有另一种同等程度的疲惫，甚至更加剧烈。

作家周妮·布鲁斯在咿呀育儿网站中发布了一篇文章叫《妈妈太累的真正原因》。她在中文写道：

当我停下来思考许多母亲疲惫不堪的真正原因时，我意识到其中的原因远不止那么肤浅。虽然，每天抱小宝抱大宝有时真的令人疲惫不堪，而对我来说更加疲惫的是来自精神层面。母亲承担着孩子的整个世界，大到有关生命（宗教、健康、生存），小到有关日常琐事（保管袜子、烤黄油面包、倒水），我感受到了生命不可承受之重，我开始自我怀疑，我是不是做得不够好？

我是不是做得不够好？这个问题会一直存在妈妈心里，让你隐隐约约感到不安（尤其是在深夜）。

这简直让人疲惫不堪。

当你睡眠不足时，会更加疲惫不堪，更加接近崩溃。睡眠专家梅尔策说，良好的睡眠不仅是照顾好孩子的关键，还有利于家庭和谐。

她说："设想一下，如果你没睡好，你可能会对配偶更加急躁。然后开始争吵。我们都知道，父母频繁争吵不利于孩子的健康。"

所有的争吵本身就已经够糟糕，还会产生怨恨，导致家庭气氛紧张，让父母与孩子们都焦虑。

有一点可以肯定的是，除了睡眠以外，还有许多其他因素会为婚姻带来压力。但是，如果爸爸、妈妈都能得到充分休息，日常的烦恼和压力会有所缓解吗？

回想起艾迪刚出生几天和几周的时候：我面对新生儿的压力，睡眠不足，并且感觉似乎所有的事都是我一个人在做。我清楚地记得，有天晚上我走在走廊，一路跌跌撞撞地走向艾迪的房间进行睡眠训练，途中碰到正要上床休息的瑞恩，我杀死他的心都有。

当然，现在回想起来我不禁笑了，那时我俩都筋疲力尽，但是，有一点不变的是，2011 年 10 月的那个晚上，看到瑞恩上床休息的那个举动，我还是想掐死他。睡眠不足会瞬间将我变成一个杀人狂。

这是一个非常戏剧性的时刻，但梅尔策提出的建议让我回想起了很多事情，那些被睡眠不足毁掉的清晨时光。

在我与梅尔策交谈的那几天，瑞恩问我："你睡得怎么样？"

我慢慢转过身来，瞪了他一眼，说道："很差。如果早上你再多问我一个问题，或者让我上班前再去多做一件事，我肯定从窗台跳下去。"

我们整个早上都没有说话，也没有争吵，这可称之为一场平局。

我意识到，正如梅尔策所建议的那样，我需要着重考虑自己的睡眠问题。很明显，缺乏睡眠令我在公司、在家或在与孩子们玩耍等时候都无法处于一个最佳状态。我向她讲述了我们家庭每年一次在黑德岛希尔顿度假时所发生的事。

当然，艾迪和威尔的堂兄弟都在那里，大家欢聚一堂时，空气中总弥漫着一种极其兴奋的气氛。沙滩晚会，迟开的晚餐，看电影，和堂兄玩耍，意味着艾迪要熬夜或到午夜才睡，甚至是连续几晚熬夜。但是，威尔还是照样每天早晨 6 点或 6 点 30 分起床。毕竟，他每天晚上 7 点上床睡觉，而我们同睡在一个房间，早上他会吵醒瑞恩、艾迪和我。

所以，为了不让孩子们吵醒房间里的其他人，我会一大早带着他们出去骑自行车。但是，连续 5 天凌晨 1 点睡觉早晨 6 点醒来，我简直快崩溃了。

我在度假胜地骑着自行车，后面带着孩子们，眼泪却流了下来。我简直不敢相信这是早上 7 点；我简直不敢相信我还要照顾他们一整天。想到带他们去海滩、游泳池和外出吃午饭，我简直会随时崩溃。

我所处的是美丽的南卡罗来纳州，一个我喜爱的地方，25 年来一直到此度假，这里有着美丽的海滩与风景，全家人欢聚在一起。然而，在这一刻，我却好想自己回到城市中，坐在 ABC 新闻公司的工作桌旁，不用再去面对每天 12~15 小时照顾孩子的责任。

我们的假期为期 2 周，瑞恩中途离开回去工作，我打电话给他并大声叫喊着。我很生他的气，生我家人的气，生孩子的气。

我在崩溃的边缘。

那一天我撑了过来，我想艾迪也到达她的临界点了。那晚 8 点我们都睡着了，11 小时后才醒来。

第二天，一切又都变得美好。

我告诉梅尔策有关几个月前买了新床后，艾迪每晚都不上床睡觉的难题。她建议采取“走开一会儿”的方法，将孩子放在床上后，与他们坐几分钟，再离开房间去做一些小事，如洗脸、刷牙等。刚开始，走开的时间不要超过 2 分钟，随后再慢慢增加。

梅尔策说，孩子学会自己入睡，就能缓解每个人睡觉时的压力。

就寝时间的大转变

她告诉我，在此期间，我仍然要找出一种办法尽可能睡多一点。于是，我与瑞恩一起讨论这事，我们决定，解决艾迪的睡眠问题，也同时解决我们自己的睡眠问题。

事实证明，我们拥有与她一样多的睡眠问题。

梅尔策问我："你知道吗，iPad 屏幕的光可能会影响到你关机之后 90 分钟甚至更长时间的睡眠？"我真不知道。

这是真的。波士顿布里格姆女子医院在 2014 年所做的一项研究表明，晚上使用发光电子阅读器对睡眠、昼夜节奏和次日早晨的机敏性产生负面影响。研究发现，iPad 和智能手机会对人的睡眠产生不利影响。使用 iPad 和智能手机会导致褪黑激素水平下降，而褪黑激素是一种增长睡眠时间的激素。12 个成年人中分成 2 组：其中一组每晚睡前看 4 小时 iPad，另一组则在微暗灯光下阅读印刷书籍。每组坚持这样做 5 个晚上，然后两组人对调再做一次。

看 iPad 那组不仅褪黑激素降低，还需要更长时间睡着，并且减少了快速眼动（REM）睡眠的时间。第二天早晨，看 iPad 那组即使睡 8 个小时，仍然困倦而且反应迟缓——昼夜节律延迟。

这让我想到，我每天晚上在 iPhone 和 iPad 中所阅读的大部分内容，其实并非纽约时报最新畅销书，甚至也不是我白天错过的新闻，新闻至少可以让我感觉我晚上看手机帮助了我白天的工作。但事实是，当我关闭电脑，离开 ABC 新闻公司，在路灯下走着，脑海里想的全都是孩子们。他们晚饭吃什么？今晚需要给他们洗澡吗？他们有干净的睡衣吗？他们今天午睡或不午睡，晚上会几点睡？

即使孩子们都已上床睡觉，这种妈妈模式仍然不会停止。看 iPhone，大部分都是搜寻有关幼儿饮食、睡眠、成长问题、娱乐安排、学校课程等内容。

我（大部分情况下）使用 iPhone 是想成为一个更好的妈妈。但是，事实证明，iPhone 正在危害我的睡眠，让我变成一个更糟糕的妈妈。

这些研究发现促使我开始考虑在睡前一段时间里不要看手机。我突然想到，屏幕会扰乱睡眠这事我本来就明白，因为我从来都不会让艾迪或威尔在睡前看 iPad。

这一想法很有意义。试想，哪个家长会允许他们的孩子睡前拿着自己的 iPad 看呢？

那么，父母为什么不允许孩子们这么做却允许自己这么做呢？梅尔策问我这个问题，我答不出。她说，这只是个时间问题，当孩子们跑过来问我们这个问题，并要求将自己的 iPad 带上床时，你就会意识到问题所在。艾迪曾问我为什么她的房间不能有电视，而爸爸、妈妈的房间却有。

我当时的回答是，等她长大了，有工作，有能力支付账单，就可以做她想做的事情。而事实真相是，她爸爸没有电视睡不着，而结婚十年后，我也一样没有电视睡不着。

艾迪是没有爸爸或妈妈在床上陪她就无法入睡，而我们是没有电视就无法入睡。这其中有多大区别？我们每个人都变得依赖于某人或某个东西，害怕孤独。

虽然现在，威尔没有受到此类影响，但是，能保持多久？要知道，我可是根本没有办法一个晚上同时处理两个孩子睡眠的事，连一个我都处理不好。

就像我们在训练艾迪睡觉时所采用的方法一样，我们也需要休息一下。一次完成一件事。

必须改变的一件事是：卧室里不要再放任何电子设备。

我知道，这对瑞恩更加困难。他完全沉浸于手机——看新闻、体育比分等。

我经常在半夜2点左右的时候醒来，发现瑞恩还在看美国纽约邮报官网。我劝他尝试改改。我问他："老实说，有什么不能等到第二天醒来再看的？"他同意我的观点。于是，每天晚上，在走进卧室时，我们会将手机放在厨房充电。

只过了两个晚上，瑞恩就立马汇报说，自从iPhone被没收后，他不仅睡得更好，而且还没错过任何一场重要的体育赛事或新闻进展。从我的角度来看，他早上醒来更加愉快，这对他更加有帮助。早上醒后，他还能洗澡，刮胡须，更快速穿衣，这些是我完全预想不到的。

事实证明梅尔策说的是正确的，睡眠不足会造成反应和响应时间延迟。因此，睡眠不足就会造成起床困难，拖慢去洗漱的时间，还会拖慢整个早上的进程（虽然睡眠不足的人努力试图醒来）。伴侣则别无选择，只能承担所有早晨的任务——做昨晚未完成的事情，如洗盘子、叫孩子们起床、帮孩子们穿衣服、喂孩子们吃饭，然后再准备自己的事。

猜猜，这会导致什么后果？怨恨。婚姻紧张。争吵。

这一切似乎可以通过在上床睡觉前没收（成年人的）iPhone来避免。

那我呢？如果将手机放在房间外，那么在半夜醒来时，我就不会忍不住去查看电子邮件。因为，如果你半夜醒来查邮件，根据收信箱的信件，有可能一个多小时都无法再次入睡。

接下来，为艾迪和我们设定一致的上床睡觉时间。

自从大公主床到来后，艾迪就一直很晚才睡觉。陪她躺在床上，最后都是我先睡着。

坦率地说，我不想在下班后的一个小时里什么都没做，连晚饭都没吃就这样睡着了。所以，我选择把她放到床上，然后去做晚上我需要做的事情。

我们觉得符合 4 岁孩子上床睡觉的时间似乎应该设在晚上 8 点。这意味着她的“睡觉日程”最迟 7 点 30 分就要开始，也就是大约在她弟弟睡着 30 分钟后开始。

接着，我们觉得父母合理的上床睡觉时间似乎应该设在晚上 10 点。

所以，即使她花了 45 分钟睡着，我们仍然有一个多小时的时间用来吃饭，看节目，聊几分钟。

我们没有立即戒掉艾迪需要人哄睡觉的需求，我们俩人（通常是我）花费 45 分钟在床上哄她入睡。最终，我们却以“走开一小会儿”的方法取得成功，我将每晚待在她房间里的时间控制在 10 分钟以内。在此期间，瑞恩和我为了拥有尽可能多的时间用来睡觉，执行熄灯政策。

第一个晚上，我们严格执行了成人熄灯政策，大约 9 点就上床。我们看了两个节目。晚上 10 点整，我们关闭电视，互道晚安，5 分钟内都睡着了。

当威尔第二天早上 6 点起床时，一切都很好。我起床，将他从婴儿床上抱起，和他一起躺在沙发上直到 7 点左右。他又睡着了，我没睡着。当所有人都醒来时，我并不生气。因为我整晚睡得很好，没有电视，没有噪音，没有光，我感觉很好。

听起来有点像某种商业睡眠治疗广告，我的整个观点一夜之间改变了。那天早上，我走路去上班，这非常像商业广告词所说的：展现在你面前的，不再是烦恼，而是鸟语花香和夏日微风。

我知道这听起来很疯狂。如果我没有针对睡觉刻意去做这些事情，就不会去注意这些，而只会将此看作是“美好的早晨”和“糟糕的早晨”之间的区别，我之前觉得这是种随机运气。

第二天晚上，我们又再尝试了一次。但是，这一次瑞恩和我都难以入睡。我们又晚睡了，在黑暗中谈了约 30 分钟，最后迷迷糊糊地睡去。

是的，第二天早上我有点累，但是，我们夜里没睡觉的时间怎么过的呢？我们并没有看 iPad 和电视节目，而是在黑暗中谈话和追忆往事，我们已有多年未曾这样聊天。

这种感觉真好。

我希望每晚都能以同样的方式结束，但现实并非这样。关于我们卧室放电视机的事情，我曾跟艾迪说这是成人的特权之一，这意味着成人有权决定自己什么时候做什么事情。这意味着，作为一个成年人，瑞恩有权在足球季期间熬夜看比赛。同样意味着，我也有权决定和朋友一起出去吃晚饭，晚上 10 点（就寝时间）再回家，或现在看一个小时电视来放松一下。

但是，自从睡眠训练开始，作为父母的我们也开始深刻意识到，我们都希望在养育孩子中尽量更富有爱与耐心，然而睡眠不足却会对我们育儿的心情和能力产生负面影响。所以，现在每周 7 个夜晚中有 5 个夜晚我会按时上床睡觉。手机放在房间外，电视整夜关闭。

我们优先考虑睡眠。只花一分钟你就能想明白，睡眠远比观看电视、新闻或体育比赛得分更重要。

夜晚变得更加宁静，因此，日子也变得更加平和。这使睡眠实验（现在是一种生活方式）本身变得更有价值。

我在本章开头提到，如果你不能做到本书所提到的其他建议，那么请至少采纳关于培养良好睡眠的这个建议。如果你拥有足够的睡眠，那么生活中的一些事，如穿衣和化妆，或者和朋友一起出去玩，或者跑步，或者在希尔顿度假时那种接近崩溃的情况下与孩子去海滩玩，都会变得更加简单、更富有乐趣。

第3章

记得看医生：妈妈也需要体检

忽略自己的健康而痴迷于孩子们的健康似乎是一个世世代代都存在的问题。至少在我家是这样的。有时，我想如果我死了，孩子会怎样。想到不能陪着他们成长，不能每天拥抱和亲吻他们，不能每天亲口告诉他们我有多么爱他们，我的心就痛苦万分。

有一次跟婆家人一起度假，我的小姑子凯丽告诉了我一些有关她朋友的事情。当时她提到一位可爱的女人，名叫劳拉，我在八年前凯丽的婚礼上见过她。虽然我不认识劳拉，但我知道她有三个孩子，在大城市做高管。她是我想成为的那种人，我一直都很想了解有关她的事情。

"哦，劳拉呀，她很好，但她得了甲状腺癌，所以我很担心她。"

我问："甲状腺癌？这太可怕了吧。她还好吗？"

凯丽说："她很好。她心态非常好，非常积极。"

我问："她患病多久了？"

凯丽说："事情往往就是这样，她也不确定是什么时候患病的，或许已经有一段时间，她只是刚刚发现。"

"什么意思？"

"她只是觉得很累很累，就这样倒下来了。她从来都没去看过医生，她觉得一切都很正常。她每天想的就是三个孩子的事，都很长时间没跟大家见面了。"

我说："恕我直言，她得了癌症，真实的癌症，而她却一直误认为是疲惫？"

"是的。"

我惊呆了。同时我很高兴听到劳拉积极面对诊断结果。事实上，当我听说一个人有可能患有癌症，真实的癌症，却将那些感觉归结为育儿太累时，我感到非常震撼。

你知道吗？我完全可以看到这些事未来会发生在我身上。这太可怕了。

妈妈健康的悖论

自从艾迪出生后，我常带她去体检。

婴儿出生后，分别要在 3 天、1 周、1 个月、3 个月、6 个月、1 岁、1 岁半和 2 岁时接受儿科医生最初的体检，以确保身体没有异常情况。

除此之外也总会因咳嗽、出疹或流鼻涕不止而跑医院。

如果家有一个特殊需求的孩子，那么就要面临更多检查。像威尔，到目前为止接受了 ENT 检查、听力测试，以及三个手术。每 6 个月他还需要去看内分泌专家，检查甲状腺情况。并且，每 6 个月他要去看唐氏综合征专家以检查病情。

去年是一个多病之秋，常常去看医生。威尔刚接受了儿科医生的两岁体检，随后不久又患上感冒，又再次去看医生，医生怀疑是病毒性感冒，只能等他慢慢恢复。

几个星期后我又为威尔预约了波士顿另一位医生，进行听力测试和耳管手术（他在两年内接受的第二次手术）。所以我和丈夫请了两天假，并预订了波士顿酒店的房间。在我们离开的期间，艾迪留在纽约由我妈妈照顾。

首先，威尔接受听力测试。自从他出生以来，这是一个持续存在的问题，我们就威尔的耳朵问题已多次前往波士顿找耳科专家就诊。在接受听力测试时，只允许一位家长进入测试室，所以只有我进去了。我很快就知道测试不怎么顺利。当我听到测试者放出的音调，而威尔却没有任何反应时，我的焦虑感急剧上升。

我们走出测试室后，我感到非常糟糕。我让测试员告诉我她的看法。很糟糕，是吗？我真正关心的是这种情况会一直持续多长时间。

我与瑞恩会经常自己检查威尔的听力，我们站在房间对面，使用各种音量喊他的名字，观察他的反应。我们还特别关注他对窗外或公寓内噪音的反应。事实上，从我们的角度看，事情看起来比较乐观。我决定让威尔接受耳管手术的唯一原因是，我认识帮他看病的医生，他在这方面非常有建树，我觉得这一定会对威尔有所帮助。

现在令我害怕的是，一直以来我们都错了。我有点不太理解这些“测试”的真正意义，其实他根本就听不见我们说话。再这样拖下去，他的语言障碍会比现在更加严重。这都是我的错。我觉得我很失败、满怀内疚，惊慌失措。

我们去看医生，医生确定威尔的听力能力比上一次测试的结果要糟糕得多，上回结果已经非常接近完美。他检查了威尔的耳朵，只能看到一个耳管，看不见另一个。是的，他肯定需要手术。

他说：“但是，我不能按计划明天为他动手术。他出现堵塞症状，如果现在接受麻醉非常不安全。我给他开点抗生素，两周后再看适不适合动手术。”

当我听到“不安全”时，认同这手术目前只能先放下。我以前看过威尔接受过两次麻醉，非常可怕，幸好没出任何异常状况。不过，当下我还是有点烦躁，觉得一切都已准备好了，结果却是就这样离开。

尽管这次扑空让我感到沮丧，我还是毫不犹豫地重新安排日程，越过层层关卡带着孩子去寻医。我敢肯定你们也会这样做的。身为父母，这是我们必须做的。在我成为妈妈的三年里，估计至少有 45 次带孩子去医院找各种医生看病。

而我，除了孕检之外，我自己找医生看病的次数为“零”。

谈谈父母总把自己放在最后这件事。我们最重要的工作是为孩子们保持身体健康地活着。医疗检查是确保我们能够为家庭做出重要工作的唯一保障。然而，我们大多数人几乎是病态式忽视它。

公平地说，我认为自己的身体非常健康。我很少感冒，如果有什么类似的小病，我觉得不用看医生，过几天就会慢慢好了。虽然对自己身体状况过于疏忽，幸运的是，我也没有患上任何慢性疾病。实际上，我的身体在某些方面比我当妈妈前更健康：我以前有季节性过敏，但在我怀艾迪时这过敏症状就消失了，再也没出现过。

但是在我怀艾迪的时候，又被某种病痛困扰了整整三年半时间——背部疼痛，有段时间相当难受，连坐都成问题，有时糟糕得连晚上都无法入睡。

我没有去找医生检查病因，拖了整整三年的时间。

我相当确定这疼痛来自两件事：上下班时公文包背在同一个肩膀；抱

孩子，尤其是威尔，越是在繁忙的晚上就越爱让你抱来抱去。我之所以如此肯定，是因为如果我两天不用工作并且不用看孩子，疼痛就消失了。

但是，瑞恩有点担心，他是唯一查看我后背的人。他在我的背脊右侧发现一个明显的凸起。

“你真的，真的需要去医院看看。”他说了好几次。

说实话，其实有点讽刺。瑞恩自从毕业那会儿当儿科医生时体检过一次之后，就再也没有体检过，直到几年前才体检。但是有一点，他经常抱怨说偏头痛，我一直让他去看看医生，而他一直拒绝。我很不放心。最终他去看医生了，医生给他开了些药物，对他这一症状起到巨大改善。之后，他开始转变了。他脚受伤了，就去看运动学医生；被一只奇怪虫子咬了，就去看医生，发现只是莱姆病（他现在好了）；当他感冒了，他会从我们公寓走几个街区去 24 小时无须预约的城市医疗中心买抗生素。

我督促他去看医生，我为孩子们定期安排体检。然而，尽管我背部有个鼓起的东西，我却从来都没看过医生。

从我认识的其他妈妈的抱怨来判断，背部疼痛似乎是抱孩子常出现的症状。每天大约不断弯腰抱起孩子一百次，去哪里都提着一大包孩子们的必需品，推着双人婴儿车。像我这种情况，至少要提 90 斤重的东西（婴儿车本身和座位 35 斤，艾迪体重 40 斤，威尔 25 斤），这还没有算上其他额外的重量，比如每周一次的杂货采购。

忽略疼痛有可能会产生严重的后果。根据美国脊椎矫正协会（ACA）的建议，这是丧失工作能力最常见的原因之一。丧失工作能力对于所有工作来说都是致命的。对于我这份职业，丧失工作能力就等同于职业自杀。ACA 针对 2000 名患有背部疼痛的人进行研究，结果发现这对他们的日常生活有各种各样的影响。超过三分之一的人说，他们变得更加易怒；几乎 20% 的人减少了自己参加业余爱好活动的次数；8% 的人说无法照顾他们的孩子。

检查，检查，不断地检查。

忽略自己的健康而痴迷于孩子们的健康似乎是一个世世代代都存在的问题。至少在我家是这样的。我妈妈现在70多岁，如果有某些明显不舒服的状况困扰着她，我建议她去看医生，她会找出一堆不去做检查的理由。然而，如果是我不舒服不听她建议（听起来更像是命令）去看医生，她同样也跟我恼火。到医院看病，时间是个问题。对我母亲、我自己和我认识的其他妈妈来说，根本就没有时间去看医生。如果我们（妈妈们）花时间去看医生，那么谁带孩子出去玩？谁去参加工作会议？谁去会见老师处理这季度的报告卡？

然而，我曾经为了带艾迪和威尔去看病而取消工作会议，推迟截止日期，或晚两个小时到办公室。无论生活中发生什么事，我都不会耽误他们看医生的事。我坚信没有比他们的健康更重要的事。但这样看来，似乎一切都比我自己的事更加重要，我认识的每个妈妈几乎都是这样。

谷歌医生

在取消耳管手术后的数周里，我请了两天假，多次找医生，没有一次是关于我自己的事。医生给威尔开的抗生素最初效果显著，但是后来情况似乎愈加糟糕，于是又去找我们的儿科医生复诊。她再次诊断这属于病毒性感染，没有开药。为了这次看病我请了一个半小时假。

接下来的一周，艾迪说她的喉咙难受。她没有发烧迹象，精神看起来还不错，我便离开办公室，中午到她学校，帮她请假，坐车去看儿科医生。医生发现她患有咽喉炎，给她开了抗生素药。这一趟花了两个小时。艾迪这次生病，刚好在我为她约好年度体检前。在同一天里再请一个多小时假，有点说不过去。于是，我将预约改到周二晚上8点，这是医生（他本身也是一位在职父母）专门为那些在职父母留出的每月一晚额外就诊的机会。

然后，我怀疑医生误诊，威尔根本就不是病毒感染。即使是这样，我也希望她开点药，因为我不想看着他痛苦，眼睛困倦、肿胀；睡觉不断醒来；不断擦拭鼻子，刺激鼻子。看到此种情况，妈妈们都如坐针毡。

还没等到威尔堵塞病症复诊，我便在谷歌上面找寻可替代的补救措施。显然，在等待医生为孩子的病情提供实际帮助前，不是很忙碌的妈妈总会花时间寻找能够缓解孩子病痛的可替代方法，并为此支付服务费用。

我内心交织着绝望与愤怒，我从亚马逊订购了价格100美元的精油，同一天我还找到一位脊椎推拿治疗师，声称能够改善孩子慢性堵塞的症状。那天星期四，我发电子邮件到她的办公室，询问她是否能够在第二天帮威尔看看。她说不行，她只在星期四下午3点45分有时间。或者让我预约周一早上。你猜我会选哪一个时间？

现在是下午3点，我在上西区工作，在接下来的45分钟，我不得不去上东区接威尔，再去市中心。我告诉医生我一会儿就到，我关闭电脑，打车穿过城镇，用推车推着威尔，并与他一起走进脊椎治疗师的办公室。治疗师说，她觉得威尔脖子和背部上方非常僵硬，这有可能是他的慢性堵塞所引起的。这可能已有几个月了。她告诉我打通颈部和脊柱的重要性，只有打通了，血液才能流通。

耶耶耶。我一直想。你能帮我的孩子减轻点疼痛吗？这是我此行的目的。

她轻轻地帮威尔推拿，威尔似乎没怎么觉察，当她触摸到堵塞的地方时，威尔有明显反应，我看到非常高兴，因为我觉得真如她说的那样。她警告我，说晚上可能流鼻涕流得很严重。接着，她注意到我耸肩弓身。她问我怎么了。

“很好。”我说，“挺好的。”

她怀疑地看着我。

“哦。”我说，“好吧，我的意思是，我背部有点疼痛，但这都是老毛病了，已经4年多了。”

“4年？那证明真的有问题。为什么不找我预约，让我看看能否帮你治疗？”

大家都突然静下来没说话。脊椎推拿治疗不属于保险范围，威尔第一次预约看病花了185多美元，之后每一次85美元（我刚刚为威尔预约每周一次的推拿治疗，预约了很多次），我觉得没什么，但是如果是为我自己预约，我会觉得花费过多。

这么想是不是有点伪善？妈妈休假、请假为孩子安排几十个看病预约号，满脑子都觉得没有什么比孩子的健康更重要，却一直完全忽视自己的健康？我想到了我正在进行的事，要在一段时间重视自己，像关怀和照顾孩子那样照顾自己。

然后我离开了，没有为自己预约看病。毕竟，我太忙了。

同时，我为威尔订购的精油似乎没有什么效果，但我还是会每晚在孩子们的浴缸里添加几滴薰衣草精油，睡前在他们房间的加湿器中放些桃金娘。（是的，睡前还是要把他们的房间布置成水疗中心的样子。我能怎么办呢，我爱我的睡眠，我的睡眠与他们睡眠密不可分。）我对桃金娘寄予相当高的期望，整体医学妈妈板块所做的一项研究让我确信，桃金娘是治疗鼻窦阻塞的神奇妙方。

连续几个早晨，当听到威尔醒来，我就跑进他的房间，希望桃金娘能治好他的阻塞，但实际上并没有效果。

在这一串预约看病期间，我作为整体医学博士，也开始感冒。我开始打喷嚏，接着鼻塞，咳嗽半个晚上，连续两个星期每天头痛，感觉很糟糕。但我没去看医生，也没休息一天，因为这三个星期我都在为孩子看病的事请假，现在根本没有多余的时间。

有趣的是，我从来没有想过自己也试一试桃金娘。

我的背痛也没有得到任何改善。

与此同时，我和瑞恩跟威尔医生走得很近，我们决定为他筹集资金。毫无疑问，这是一项意义重大的事业，跟我们的心是如此贴近，让我们乐意去付出。当我退后一步，从外部人的角度重新审视我自己时发现，我忽略自己的基本需求，却为其他医生和患者筹划和主办筹款活动，这听起来似乎有点疯狂。

当然，可以说我做了很多事情，只是不去看医生。做头发？每隔几个月一次，一次三个小时。约做指甲？每隔几周约一次，一次至少 90 分钟。

实际上，我是没重视自己的健康。我认为部分原因是医生经常过分夸大身体问题。我的孩子几乎没有健康问题，但我还是不厌其烦地预约医生和处理保险问题。坦率地说，其中有些人很唠叨，我真的不知道他们在讲什么。

我感冒是一回事，但我知道最终会自愈。如果我看医生，或许可以好得更快，或许不会。背痛是另一回事。虽然我相当肯定背痛并不严重，但是只有医生才知道，不是吗？

有时，我想如果我死了，孩子会怎样。想到不能陪着他们成长，不能每天拥抱和亲吻他们，不能每天亲口告诉他们我有多么爱他们，我的心就痛苦万分。

那么，我为什么要忽略自己最基本的需求呢？

关注妈妈自己的健康

最后回到我要问自己的这个问题。如果艾迪或威尔在长大成人后像我一样每天被病痛折磨，却不去看医生怎么办？

我会亲自把他们拖去看医生，不查出个原因誓不罢休。心中的这一信念让我决定不再选择放弃了。

我这种行为不是一位好妈妈该做的，此时此刻我下定决心，如果我不照顾自己，我就可能会成为那 8% 因背痛丧失照顾孩子能力的人，那样的话我就真正成了一位没用的母亲。几天后，我决定为自己预约脊椎治疗师看病。当我进去时，医生检查了我的背部，明显感到惊讶。

她指了指我后背中间凸起的地方说："挺严重的，这看起来不像肌肉更像骨头。"

是的，医生。我想这就是我此行目的：帮我治治，让我好起来。

她继续说道："我真的很惊讶，你还能这样扛下去，因为你已经处于重伤边缘。"

我开始意识到，这不是一次治疗就可以解决的问题。

她说："随着孩子们越来越大，你举的东西越来越重，拥有的时间越来越少。我觉得你每周至少得要来两次。"

我怎么可能有时间每周来两次？

她继续告诉我有关其他妈妈患者忽略了类似的疼痛而成为那 8% 的情况。在一个病例中，有个妈妈刚刚生下第三个宝宝，而实际身体状况却连新生儿都抱不起来。

她说："与你不同的是，她不必担心工作的事。"

这并不是说在职妈妈的身体健康胜过全职妈妈，但是有一点医生是非常确定的，那就是如果我因背痛而无法抱孩子，无法汇报工作，那我们就会面临比现在身体不舒服更严重的问题。

虽然，时间和费用都需花费很多，但我决定妥协，并预约在下周看医生。我已经为威尔预约，所以不管怎么都得来看两次医生。

卡伦·埃里克森博士是一位为妈妈和孩子治疗的脊椎治疗师，同时还是美国脊椎矫正协会的发言人。她告诉我一个女人在怀孕期间经历的生理变化实际上可能导致身体更容易错位。这意味着慢性背痛在妈妈群体中很常见。

母乳喂养，人工喂养，推婴儿车，带尿布袋和抱着每天变重的婴儿，这些增加了妈妈身体承受的重力，这是非妈妈或不是孩子主要照护人无法体会的。

她说："妈妈基本上变成人骡子。"

当她说的时候，我大声地笑了起来。因为我父亲总叫我的母亲 Maita，如我所忆 Maita 是骡子的意思，字面意思是总是来回搬东西，即使现在她 70 岁，也什么都搬得动。我继承了我母亲这一特点，瑞恩经常叫我"蚂蚁"，蚂蚁能够搬运比它体重重 5000 倍的东西。

埃里克森说，这种常见的背痛通常伴随着婴儿成长为幼儿而变得越来越糟糕。同时，孩子的日程安排让你越来越难为自己抽出检查身体疾病的时间。

虽然健康问题影响着各个经济阶层的妇女，对于经济困难的妇女来说看医生更是一件难事，因为她们无法承担看病的同时聘请保姆照顾她们的孩子。所以她们常常忽视自己的健康问题。

当她说这些时，我意识到至少在这方面我比许多妈妈好多了。我有办法、有途径照顾自己的健康。我有相应的健康保险，在美国中很多人都没有保险。我没有的东西是我一直反复说的时间。我开始反省。缺乏时间，但时间是我自己安排的。我经常抱怨我有多忙，却从不做些什么来挤出空闲时间。

埃里克森说，母亲忽视自己健康的后果比疾病本身更严重。

忽视自己身体给出的信号，就是在教你的孩子做同样的事情。埃里克森说，母亲应该做什么，至少要尽可能地向他们的孩子们示范，合理的做法是尽量照顾好健康。良好的健康能够让我们更加享受育儿的经历。

我不禁再次想起我自己的母亲。她可能是完美的女人，我是认真的，不信你可以问任何认识她的人。她善良、周到、慷慨、有爱心和乐于助人。但是，她从来都不注意自己的健康。幸运的是，她的身体总的来说算健康。但如果她有什么不适，也不会去看医生，除非是丧失劳动能力或行动缓慢。她能够每周带我们去看两次医生，而她却只有一次为自己打电话请假。（这只是因为她担心孩子。）如果说不会感染孩子，那么我可以向你保证她一定会在接送孩子上下学和上艺术课途中以及永不停息的日程间，随便找个纸袋呕吐。

埃里克森提醒了我，我发现我妈妈从来不休息。她说："从早上醒来的那一刻起我就像上了弦似的。"

显然，这多多少少受到祖父母影响，并同样发生在我身上。

我突然想到，实际上妈妈整夜都没怎么休息。孩子从噩梦中醒来，或者去浴室，或者因为他们找不到喜欢和依恋的人——妈妈。

埃里克森说，在这种情况下，育儿工作要求母亲的身体和情绪每天24小时运行，根本没有机会恢复。

她补充道，必须承认有时你真的无法去实现对自己的基本照顾。只是意识到疼痛或睡眠不足带来强大影响。从一个睡眠糟糕的夜晚醒来，面对白天一整天要进行的那一些有意义的活动，你还能做什么？或许你无法多睡会儿，但是，或许你可以花几分钟时间思考或制订计划晚上早点睡觉。

埃里克森告诉我，做父母就是一趟精神之旅。孩子们擦亮你的灵魂，让你看见你的极限。他们教你如何拥抱你的人性。

我花了些时间来反思这句话，我想我知道这其中的意思。因为在日常生活中，我发现自己每次都因孩子而感谢上帝。但当我幻想一趟精神之旅，我会做自己想做的事，如比以前瘦 10 斤、做瑜伽、时常休息与放松，以及常常做按摩。

在幻想中，我从不清洗浴缸和马桶，肩上也没有鼻涕。

然而，我意识到，孩子确实擦亮了我的灵魂。艾迪出生的那一天就改变了我，教会我什么叫真正无条件的爱。不是接受，而是给予。威尔教会了我勇敢。我的个性常常掩盖了我内心最深处的不安全感，但是，现在因为有他我不再害怕。30 年来我一直在意别人对我的想法，而现在我从中解放出来了。

因为孩子们，我变成更好的我，虽然是更累了点。

埃里克森说："我们对自己很不亲切，却总表现得像对自己一直很亲切。"

同意。我们都需要有一两个人的帮助，可以让我们时不时地离开。但是，我认为这句话有一定道理："如果你做不到，就假装看不见。"因为，在给定的时间内要做这么多事，暂时离开能提供什么帮助？让接下来的事情更加顺利？把一只脚放在另一只脚前，让你核对列表上所有的待办事项？

对于我来说，答案是肯定的。于是，我继续每周去看脊椎推拿治疗师——我和威尔都接受治疗，还为威尔安排第三次耳管手术。我请了更多事假，预订了另一家酒店的房间，安排我妈妈与艾迪过夜，我和瑞恩返回波士顿。在我们到来前，威尔已停服抗生素并在这一星期内又再次感冒。但是，耳鼻喉方面情况还好，不用取消手术。在手术前的空隙时间我们开了个会议，他向我们详述了另一种可能性。

"我认为，他有可能是扁桃体肿大。因为如果是感染的话，那么抗生素足以治愈大部分感染。而且，吃完抗生素，扁桃体中的细菌又开始增长，他又生病了。"

他建议，在耳管手术期间同时去除扁桃体。

事实证明，扁桃体在人体中没有任何用处，成年人甚至可以没有扁桃体。但是，如果扁桃体受到感染，可能会导致孩子出现慢性鼻窦炎以及睡眠问题。

我们决定切除威尔的扁桃体，彻底摆脱问题。

医生告诉我们，耳管手术要求麻醉，在手术期间他将进入深度睡眠，并且需要使用呼吸管。没有哪位父母愿意在有他们心爱孩子的谈话中听到“呼吸管”这个词，但是，我们相信主刀医生，医生也非常信任麻醉师。

很快，一个护士出来告诉我们手术结束了，威尔开始从麻醉中醒来。我几乎是冲进术后特护房，有一个我不认识的女人将威尔放在摇椅上摇他。威尔大声尖叫，对于刚从麻醉中醒来的人来说，这是一种很正常的状况，但是对于快乐的孩子来说，是非常不寻常的状态。

我抱了他一会儿，让他平静下来，再离开医院。我们三人开始了从波士顿到纽约 3 个小时的路程，我和瑞恩都希望威尔的病情得到解决，手术解决了威尔慢性堵塞问题。瑞恩和我从不断提心吊胆，再到互联网到处搜索秘方，再到预约医生，以及最后寻求整体治疗方法，一路走来耗费了 9 个月的时间。

威尔手术后花了整整 10 天时间恢复，总算有所起色。令人不安的是，威尔必须得经历越来越糟糕的一段时间才能好起来，这些医生已经提前让我们做好心理准备。

事实证明，脊椎治疗师没法“解决”威尔的堵塞情况。不是说脊椎治疗师对儿童病情起不了帮助作用，或说我不会再带威尔来看脊椎治疗师，对我来说，这一错误做法代价为 1000 美元，还没算上在扁桃体手术治疗前看病所花的时间。

但是，为威尔预约治疗迫使我解决了我多年来一直存在的背部问题。虽然，我的背部问题还未“痊愈”，但是，4 年来积累的病痛想通过几次 20 分钟的治疗就痊愈，这个想法也太简单了。

我不知道脊椎治疗是否是我慢性背痛的一个长期解决方案，但我现在知道，我可以为孩子们预约，也可以挤时间为自己预约。曾经看似不可能的事——每周为自己预约一次解决自己的健康问题，事实证明，在我找出可行的日期和时间后，成为我一周中愉快的时光。我预约的时间是星期三上午 8 点 30 分，在我送艾迪上学后以及我上班前。

如果脊椎治疗最后还是无法解决问题，那么现在的我会继续看病。认识到照顾自己不仅是一件关键的事，也是一件时间允许的事，时间不可能紧得没有任何空隙。作为母亲，不仅要做好陪孩子玩耍、搬运的事情，还要安排时间。

然而，许多妈妈忙碌着各种不同的事，如美工、安排玩耍时间和做爱心午餐便当，却让自己的健康流失在时间空隙中，这会对家庭产生不利影响。如果妈妈卧床或发生更糟的情况，那就没有人来做那些美工等琐事了。

第 4 章

定期做运动：即使没有时间、金钱或兴趣，也要运动

研究表明，没有孩子的女性每周平均运动 6 个小时，有孩子的女性每周平均运动 4.5 个小时。女性缺少锻炼会导致较高的身体质量指数（BMI）。并且进行锻炼的女性压力会得到释放，睡眠会得到改善，整个人也会比不锻炼时更加健康。

“我明年要跑马拉松。”

人们在酒吧喝了几杯后，总会做出一些决定，而第二天清晨醒来时通常都会反悔。2014 年的某个星期天，举行了马拉松比赛，而那天我在酒吧所说的话，便成了到目前为止我对自己所做的唯一一件重要的事。令人惊讶的是，在这一方面，我竟毫不费力地做到了将自己放在首位。我已经做好准备，期待着将此长跑项目安排进我繁忙的日程中。然而，生活总是有其他的计划。

我与运动的关系，就像我与高中男友的关系一样。在高中，一切非常美好。这种关系轻松有趣，我们拥有共同的朋友。上大学后，我们的关系

变成了艰难维系，彼此都分了心。最终，联系渐少，每年只见对方几次，也主要是在夏天。搬离父母的房子，住进城市，便鲜有机会见面了。

每年都会因种种原因多次相逢，朋友的婚礼、假期，以及各种娱乐活动，这种感觉非常好。既然他曾经在你生命中占据如此重要的部分，而现在你还喜欢着他，那么为什么要这么久才见一次面呢？

这就是我与运动的关系：我曾经是高中游泳队的队长，现在却一年游不了几次。

我对健身失去了兴趣。首先，健身房对于我们大多数人来说是很奢侈的。要知道，我也根本没有时间定期上健身课。（参见前一章我没有时间看医生的例子。）然而，针对我们妈妈群提供的各种健身机会其实并不会像我们孩子参加的那些健身课或体育队那样费钱又费时。

艾迪已经参加了四个学期的超级足球明星队、两个学期的游泳课、一学期的芭蕾舞、乔迪儿童健身房课程、慈幼（Kidville）早教中心的游戏课程，以及两轮棒球课程。（这些只是她参加的体育类课程；她同时还报了许多其他方面的课程。）

在生孩子之前，我会时常去健身。在我家附近的麦迪逊大道和第77街的拐角处，有一家水疗中心（Exhale Spa）。这是一家专门提供健身课程的水疗中心。其中最著名的课程是叫作“核心燃脂”的把杆训练。这是60分钟的形体塑造训练课程，有大批热爱者蜂拥报名，经常是长长的等候名单。我第一次走进这家水疗中心时，并没有什么报班打算。（我的意思是，我的体型还不错，但是经济状况付不起每小时50美元的课程。）市场上还有许多价格亲民的健身房，但在那时，我没有孩子，不受任何束缚，但却受金钱的约束。

但我喜欢这个课程，报了班一直上着课。在我怀艾迪的早期还参加锻炼，直到后来变得越发笨重，都看不见核心肌肉了，于是我改成跑步。

瑞恩（在我的要求下）送给我20节水疗中心的“核心燃脂”课程。这家水疗中心就在街角边，目前为止我才去过两次。

3年来我只上过两节课。

每天早上前往ABC新闻公司途中，我都会特意选择从这里经过，这样就可以清楚地听到里面上课的声音。教练从10开始倒数。我想象着，班里的每个人都站在把杆前，将训练球压在膝盖之间，蹲到产生灼烧疼痛感，祈祷折磨结束。

天啊，我错过了这节课。

每天早上，我都会感到遗憾，不仅是因为错过了我爱的东西，还因为浪费的数百美元。

曾几何时，我经常去上健身课。那时候，我觉得我有的是时间，只是没有金钱。而现在，我的经济状况足以轻松负担该健身课程的费用，却找不出时间去做。其实，瑞恩不止十次在不同场合问我，是否想每周选一天去上健身课，由他照顾孩子们起床并做好其他准备，我就可以一大早就去上课了。那么又是什么在阻止我呢？从照顾孩子中抽出时间锻炼让我感到内疚吗？一大早把照顾孩子的责任全丢给瑞恩感到内疚（他已经为家做了很多事）？同时还担心，没有我的早上会乱成一锅粥吗？

以上皆是。

一英里[①]接着一英里

星期天的一场马拉松，让我走进了那个酒吧，在微醉状态下宣言：

---

① 1英里≈1.6千米

“我明年要跑马拉松。”

我希望这场比赛的组织者纽约路跑者（NYRR）能够做一些手机应用，能够吸引醉酒的马拉松观众立马注册，这样，第二年参加这场艰巨的马拉松比赛的人数肯定会飙升。

当然，有些人在第二天早上醒来，就会改变想法。但对于我来说，我一定要遵循我所坚持的将自己放置在首要位置的观点（这里指的是妈妈拾回健身和优先考虑自己的健康）。我很轻松地做到了。我是不是掌握了做个快乐妈妈的诀窍？

这就是我重拾跑步，参加2015年纽约马拉松比赛的过程。该场跑步比赛专为唐氏综合征基金会举办，那是一家专为帮助患有唐氏综合征患者改善认知而筹集研究资金的组织。

在我的生活中，激励我的主要是我的父母、丈夫和孩子——没有谁能够比我儿子更加激励我。他因多了一条染色体而面临着我从未想过的生活挑战。两岁的他让我们所有人变得更好。他在整整九个月的疗程中每周都以微笑接受治疗，他微笑和大笑的样子点亮了整个房间。

在他刚出生没几周时，每周都要接受三次物理治疗，每次一个小时。我们将其称为婴儿运动。如果我参加某种运动可以在某种程度上给予他支持，让我的小孩愿意接受此种婴儿运动，喜爱运动并快乐地坚持下来，那么我就会参加。

我宣布我的马拉松计划时，瑞恩吓到了。他说，你根本没有时间训练。真是泼冷水。

我妈妈对此的态度也差不多：“你手中的事太多了。你如何做到呢？哎哟。”

他们常常这样，他们的话有点伤人，但却有一定道理。我其实在跑步方面已不是一只菜鸟，但在我拿到比赛号后，我感到害怕了。真的。

几年来，我断断续续慢跑，在 2007 年我有孩子之前，我参加了一次马拉松比赛。所以，我非常清楚接受培训需要付出多少时间和精力。如果你之前从没参加过马拉松比赛，那么你会感到震惊，备赛工作马上会占据你的整个生活。你需要在清晨或傍晚安排几小时跑步；参加周末公路赛获取参加大型比赛的资格；开始注意有些食物会对跑步产生不利影响，然后相应地改善饮食。现在，我一次要处理所有这些事情，同时还要带两个孩子。这将非常艰难，但是，我还是下定决心这样做。

我在圣劳伦斯大学上学时，我一时心血来潮选修了写作课。我从来没有写过一篇文章，不知道从何写起。当时我看过一本指定书本叫《关于写作：一只鸟接着一只鸟》，是由安·拉莫特撰写的。在书中，拉莫特回忆起她小时候家里厨房桌边的场景。

三十年前，我的哥哥十岁，第二天得交一篇鸟类报告。虽然他之前有三个月的时间写这份作业，却一直没有进展。当时他坐在餐桌前，周围散置着作业簿、铅笔和一本本未打开的鸟类书籍。面对眼前的艰巨任务，他不知如何着手，简直快哭出来了。我父亲在他身旁坐下，把手放在他的肩上说："一只鸟接着一只鸟。只要一只鸟接着一只鸟，按部就班地写就可以了。"

自从在第一堂课读到这段文字，它就一直反复地出现在我的脑海中。每当我面对任务感到不知所措时，我的心中就会反复出现"一只鸟接着一只鸟"。这就是为什么我决定参加马拉松，特别是在面对如此艰巨的训练任务情况下。一只鸟接着一只鸟；一英里接着一英里。

我报名参加了一个 4 英里的训练比赛，作为我参加 26.2 英里马拉松的第一步，这是自从我跑完 2007 年马拉松后所做的第一次尝试。

自从跑完上次马拉松后，至今几年没有跑过一英里。这是我接受 4

英里训练之前的实际情况。在这场比赛前几天，我还不断地问瑞恩我是否能够跑完马拉松全程。

瑞恩对此很不耐烦，这些没有实际目的和无解的谈话最容易令人感到沮丧。换句话说，他或我都没有办法得知我在比赛期间的状况，讨论又有什么意义呢?

A 血型人（我）与 A 血型人（瑞恩）婚姻的缺点之一（因为我妈妈常提到我们两个人为“双 A 和三 A”）是我俩都属于高效率的人，无法容忍投机或不着边际的谈话，我们都属于行动派的人。

他会带艾迪和威尔来比赛现场，我帮艾迪报名三岁组短跑比赛，在成年组比赛之后进行。这是她参加的第一个纽约公路跑步赛事。

我比较担心的是比赛本身，而并非她会不会和瑞恩与威尔一起来看我比赛。我非常想为她塑造良好的行为榜样，让她看到我完成比赛的强烈意志。我向瑞恩说，我担心我会在比赛中途放弃。瑞恩显得有点烦了。

他将盘子放进洗碗机，头也没抬地说：“你在生活中从来都不轻言放弃，我不信这回你会中途放弃。”

有趣的是，当我们在害怕做不到时，我们回顾一下过往的生活，曾经面临比这更加艰难的事，而结果并无大碍，通常比以前更好。在过去两年里，我生活中经历的最可怕和最痛苦的事情无疑是怀威尔时查出产前唐氏综合征。有几个夜晚、几个瞬间，我痛苦得快要死去。甚至几次，我希望我就这样死去，现在听起来让人难以置信，觉得非常可笑。反正当时的我就觉得生活完了，眼前一片黑暗，生活中的每个角落都充满了阴影、恐惧和怪物。

我意识到，瑞恩说的话完全正确。于是，我心中不再存有任何疑问，我相信自己可以完成这么简单的 4 英里环绕中央公园跑步比赛。

在早春时分，我将比赛号别在衬衫上，系了鞋带，吃了根香蕉，就开始跑步比赛。实际上，当天天气不错，迎面吹着微风，我却感觉不到一丝丝的放松。在终点有我的团队：瑞恩、艾迪和威尔，他们正在等待我的到来并准备欢呼。

比赛结束几分钟后，该艾迪比赛了。我帮她把比赛号固定好，送她去参加短跑。这是场约四分之一英里的短跑项目。

一只鸟接着一只鸟。

跑马拉松的原因：塑造良好行为

我突然想到，这是整个改变计划的核心，这是我能成为快乐妈妈的一种变革。我试着先一点点地改变行为和态度，最后一定会带来巨大而持久的改变。不仅是妈妈们，我们所爱的孩子也会发生巨大的改变。如果扪心自问，你是否想让你的儿子或女儿像大人一样定期进行锻炼，我大胆地推测大多数人的答案都是肯定的。如果无法树立正确的榜样，孩子又如何能明白，定期健身是实现健康和谐生活所值得去进行并且完全可以做到的事呢？虽然，这个决定看起来有点自私，但其目的则是真正无私的（像改变计划中的所有其他决定一样）——改善自己，并为孩子们树立良好的行为榜样。

密歇根州大学一项研究表明，没有孩子的女性每周平均运动6个小时，有孩子的女性每周平均运动4.5小时。女性缺少锻炼会导致较高的身体质量指数（BMI）。许多研究表明，锻炼的女性压力会得到释放，睡眠会得到改善，整个人也会比不锻炼时更加健康。

对于孩子，研究表明，定期锻炼好处大。疾病控制和预防中心指出，在童年和青少年定期进行身体锻炼，可以提高力量和耐力，有助于骨骼与肌肉健康发育，控制体重，减轻焦虑和压力，增强自尊心，以及改善血压和胆固醇。

美国卫生和公众服务部建议，6~17岁的青少年每天至少要进行60分钟的体力活动。但是根据来自同一个机构2013年发布的报告表示，只有四分之一的青少年能做到。

儿童锻炼身体确实有助于减少焦虑和压力，并且提高自尊心。同时，美国疾病控制与预防中心（CDC）提醒，缺乏运动有可能会造成的负面后果。

缺乏运动和饮食不当会造成超重和肥胖，从而增加糖尿病、高血压、高胆固醇、哮喘、关节炎和不健康状态的发生概率。

缺乏运动会增加过早死亡、心脏疾病衰竭、糖尿病、结肠癌和高血压的风险。

过早死亡。

我突然想到，曾经在CDC网站看过父母的主要目标是让孩子活下去。这是我们的首要任务，但总有无数种意外会伤害孩子。即使你确定了洗浴产品，小心翼翼地为孩子洗澡，购买顶级安全座椅并进行专业安装，仍然还有很多事要做。

我立刻想到，有没有那种孩子可参与的其他活动。应该让他们爱上运动！否则，他们的生活将是坐在沙发上吃着薯条，身体呈病态肥胖，最终导致过早死亡。

冷静一分钟。都说父母是孩子最好的老师，我完全相信这一句话。至少现在我会集中精力关注我自己的运动和整体身体健康，来让他们看到。

你知道吗？在成长过程中父母和家人所做的一些的事情，可能直到你成年后才会发觉那是非常奇怪的习惯。

在我成长的过程中，我家厕所旁浴室墙上总贴着张指示牌，上面有爸爸认真亲手写的大字：厕所纸一小格足以。我从未质疑，这些都是规定。

当我去朋友家时，很惊讶地发现，他家竟然没有厕所纸用量的相关规定。我在想，是不是指示牌坏了，还是胶带用完了。直到我上大学后，才明白针对厕所纸用量的规定是我的家庭所特有。那时明白为时已晚。我已经习惯了这个指示牌。如果我认真地去想一想，或许会意识到其中奇怪的地方，但是这已经成为我生活的一部分，根本无法意识到。

在为艾迪进行如厕训练时，我向她解释道，为了实现高效擦拭，不要浪费厕所纸，降低厕所堵塞风险，最佳厕所纸用量为一小格。

这很明显。

瑞恩家还有一个关于苏打饮料的事情。在小时候，不管何时去吃饭，瑞恩和他姐姐只点一杯饮料。现在与瑞恩父母一起出去吃晚饭时，瑞恩还是会和他父母分享一杯饮料。我不知道为什么。当我们在公路旅行时进入快餐店点餐时，你猜谁从来没给自己点过饮料？你猜对了，是瑞恩。

如果我们家族的“怪癖”关注于身体活动而非厕所纸，那会发生什么事情呢？事实上，爸爸在制作厕所纸用量指示语时，可能没有想到，有一天我和兄弟会将这一珍宝传递给我们自己的孩子，但是事实确实是这样的。我的侄女和侄子同样遵守着指示牌上面所规定的厕所纸用量。

如果家庭体育活动像厕所纸用量规定一样成为艾迪和威尔生活的一部分，那该多好。当谈及锻炼的事，我觉得这是传递积极习惯和态度的良好时机。

考虑到这一点，我继续进行马拉松训练。尽管还是会有点内疚，但心里清楚，为自己做的这件事既能够让自己感觉良好，又能为孩子们树立“正常”行为榜样。

然而，我所想树立的“正常”行为榜样远不止是将运动融入家庭生活中。许多研究表明，运动会减轻压力，这是我迫切需要做的事情。

压力管理不当是一种保守的评价。我是人们口中的那种大吼大叫的人。我的压力是以痛斥的形式表现出来的。如果我累了，那么就更糟了。我是一个非常焦虑的人，却从未曾想过用药物来控制我的焦虑。我并非社交之类的焦虑，更多的是频繁地处于恐慌的初始阶段。我会想一天里需要完成什么事情，有没有足够的时间去完成，高质量陪伴孩子的时间有多少。我知道，我经常会因某些无关紧要的事情对某人大吼大叫后，又感到内疚和压力。

看来，现在最需要做的事情是再增加一些安排，比如运动。如果运动有助于减轻压力，能够让家人共度的时光变得更美好，从而让你变成一个更加快乐的妈妈，拥有更加快乐的孩子，这难道不是一件很值得的事吗？

根据美国焦虑和抑郁症协会（ADAA）的研究，在美国，10 个成年人中有 7 个说他们每天面临着压力或焦虑，大多数人感到焦虑对生活造成了困扰。接受调查的人有各种不同的应对方式，如运动、与朋友说话、吃饭、看电视和睡觉，其中协会强力推荐将运动作为医疗专业人士建议的最佳方式。

长期以来，有许多证据表明，运动可以改善身体状况和战胜疾病。医生总是鼓励我们保持运动。运动同样被视为维持精神健康的重要因素，因为它可以减轻压力。研究表明，运动可以有效地降低疲劳，改善警觉性和集中力，以及增强整体认知功能。当压力耗尽你的精力或集中力时，此时运动特别管用。

大脑与许多神经连接，当压力影响大脑时，身体其余部分同时也会受到影响。显然，如果你的身体感觉良好，大脑也会感觉良好。运动和其他身体活动会使身体产生内啡肽——这是大脑中的化学物质，被视作天然止痛药，可以改善睡眠，从而降低压力。

科学家已经发现，定期参加有氧运动可明显降低整体紧张水平，提升并稳定心情，改善睡眠和提高自尊心。即使是5分钟的有氧运动也能起到抗焦虑效果。

我知道，我不能每天早上都跑步，将早上的琐事推到配偶身上，这非常不公平。此外，我也无法连续几天坚持凌晨5点醒来，并在孩子醒来之前淋个浴。然而，我非常清楚，有锻炼的那些日子比不锻炼的那些日子好多了。

我记得，除了我家附近上东区有家水疗中心外，中央公园南边也有另一家分店，离我办公室只有10分钟路程。一个课时长达60分钟。虽然，核心燃脂课程非常具有挑战性，但它并不是一项大汗淋漓的运动，运动完可以不淋浴。我算了一下，我可以中午离开办公桌90分钟赶着去上一节课。

于是，我带了一套健身服到办公室，放在抽屉里。我回顾了日常的一天，发现有个固定模式：上午 11 点前处理一系列事件和电子邮件，推进故事稿，分配工作，并决定报道内容。接着开始联系信息来源和专家，以及照片和视频等相关支持资料。11 点 30 分左右，事情都搞定了，接下来几个小时就是等待电话和电子邮件答复，以及处理照片和视频。我通常会在这段时间吃午饭，跑跑步或与同事聊聊天。

我开始将那段时间用来参加核心燃脂健身课程。有一点可以肯定的是，当运动与工作发生冲突，比如要面试或拍摄，那么这一天我就不去上健身课了。如果我事先知道自己无法上健身课，我会做晨间运动释放自己一天的能量。我能够在一周的工作日之间以及周末某个早晨安排运动项目，每周参加 4~5 次各种形式的活动。工作和家里都相安无事。我每天省下 1 小时上网时间，反正我觉得少上点网络社交平台比较好。

一只鸟接着一只鸟，一英里接着一英里，增加跑步距离。压力减少，体重也开始下降。手机中安装的跑步管理应用成为我生活中最大的乐趣之一：每跑 5 分钟，会出现机器人女声打断我正在听的音乐，降低音量提醒我跑步进度。

"时间 5 分钟，里程 3.6 英里，每英里用时 9 分 52 秒。"

该应用保存了跑步记录，可供你轻松跟踪跑步进度。在当年 5 月，我平均每次跑 5 英里左右。在 6 月，我大约跑 6 英里。在 7 月，达到跑步高峰，每周跑步几次，平均每次跑 8 英里。我觉得非常棒，非常开心。这一实验进展得很顺利。

然而，我知道 7 月跑了 8 英里，是我这段时间里跑得最长的一次。就在同一时间，我不得不告知大家我无法参加今年的马拉松比赛了，因为就在比赛前几个月，我刚发现我怀了第三胎。

我和瑞恩谈了第三个孩子的事。当我们看着艾迪和威尔那么快长大，我们都有“顺其自然”生第三胎的想法，对于第三胎持开放心态，不久后我就怀孕了。

我们的孕育之路并不一帆风顺。艾迪是多年努力的结果——医疗干预不成功，有一天，在我们决定“休息一下”时，结果我怀孕了。

虽然，在生了艾迪之后没有立刻怀上威尔，不过也没有进行医疗干预。然而，在我怀了威尔后，开始接受重要的治疗。怀孕 12 周产检时被告知需要接受多项健康状况检查，其中还包括心脏问题，但是其结果没有一项达标。

在那段时间，我所能做的就是起床。锻炼的事无法继续下去，我决定这段时间稍加改变。有一段时间，我甚至脑海中仍然会想去跑马拉松的事。我算了一下，我怀孕 7 个月了，而有人怀孕将近 8 个月还去跑马拉松。

真的。艾米·凯尔参加了 2015 年 4 月波士顿马拉松跑步比赛，当时她怀孕 34 周。我将此事告诉了我的医生，试探他对我跑马拉松的想法。

他说：“并不是说你能不能做，而是你要问自己是否应该去做。”

我清楚答案是什么，但是无法接受。于是，我把这件事告诉了我的父亲，因为我知道他会对我说一些充满智慧的话。当我还是个孩子时，父亲是一名柜员。他会告知我要做什么，什么时候做，以及怎么做，而不是与我讨论。在我成年以后，事情发生了变化。即使是我乞求他，他也从来不告诉我该做什么。

他只是说：“关于马拉松，我认为这并不是权衡事情对错的时机，而是做了之后产生的后果。”

后果可能相当严重。

我决定参加 2015 年马拉松赛事。机构确认明年 11 月给我发放比赛号，表示很高兴我回归团队。

迄今为止，我还未接受任何训练。在我确定回归跑步时，恰好进入关键的怀孕早期。胎儿要接受同威尔相同的产前测试。首先接受产前筛选，其次是绒毛取样（CVS），接着是更大规模的染色体微阵列分析（CMA）。通过CVS检查是否患有21三体（唐氏综合征）、18三体和13三体这些疾病。染色体微阵列分析是详细检查每一个染色体的微缺失，识别出生命中出现的各种或轻微或严重的异常问题。

这些相当可怕。

当然，我们也讨论过不接受任何产前测试。有些人会选择不进行产检，我非常尊重他们。但是，我不是那种人。我必须了解我们的孩子未来要面对哪些可能性。

可是，没有任何测试、遗传基因或其他东西能够告诉你，未来孩子的微笑、大笑、爱，以及改善每个人生活的能力。显然，威尔就是这样。他的一切正是我一直想要的，没有像医生所说的那样可怕。他出生以来给我们带来了无限的快乐，我真不敢想象没有他生活会是怎样的。

同样，没有任何测试会告诉你，某一天你的孩子会走在街上被一辆出租车撞上，需要在你的帮助下度过他的人生；也没有测试可以告诉你，他会误入歧途、吸毒、打架。

所以，我意识到了这些测试的局限性。我（现在）也亲身体会过，他们通过一个非常狭窄的镜头告诉你有关于你孩子将来的样子。虽然，测试能告知你有关第47染色体将带来问题，但是却没告诉你有关其他46条染色体的情况，这些才是构成宝宝基因的主要部分，占97.87234042553192%。

但是，这些仍然改变不了我的恐慌。

我一睁开眼睛，就知道自己即将进入一个特殊需求的世界。唐氏综合征患者在生活许多方面还是相对比较方便。唐氏综合征有专门的援助组织、社团和研究中心，并且具有良好的拥护者很多名人也患有该疾病。早在我们之前，那些患有唐氏综合征孩子的父母已经为我们开辟道路，建立学校，为相关立法而战，使我们的生活变得容易多了。

但并非每个人都那样。有些人失去了他们的孩子，没有比这更糟、更心痛的事。

于是，现在我谦卑地不再假设下去。回顾第三个宝宝接受测试的这几个星期，在等待医院打电话告知我测试结果的那一天，正好是我与出版社面谈是否有人想购买我写的这本书时，同一天我还要为《早安美国》前往康涅狄格州拍摄有关如何在生活用品中省钱的短片。在面谈中，我谈了谈压力。当聊到这本书，听了大家问我的各种问题，仿佛是站在另一个地方看自己。就像在水里，你看到其他人都在那里，人影模糊得看不清，声音也低沉得听不清。

会议结束后，我坐车去了康涅狄格州，我处于完全崩溃的边缘。没有任何来电，手机又快没电了。当我到达拍摄地点，找到与我们一起拍摄的那家人时，制片人还在忙，拍摄大约延后了一个小时。于是，我让司机带我去一家邓肯甜甜圈店，给手机充电，盯着手机。我知道，这时我应该去复习拍摄注意事项，但是我看不进去。手机还是没有任何来电。

我们去了超市，在那里我遇到了那对完美而可爱的夫妇，我帮助他们缩减那天文数字般的杂货账单。我的麦克风打开了，我问音响技术员，如果我手机有来电该如何关闭麦克风。他说不行，麦克风藏在衣服里面，关不了。于是，我让他答应我，如果我有来电，帮我关闭他设备上的声音。与那对夫妇在商店来回走着时，不能总握着手机，于是我让制作人娜塔莎（她一定认为我疯了）跟在摄像师后面时，帮我拿着手机。

我与这对夫妇走在康涅狄格州吉尔福德附近的一家斯道普连锁超市（Stop & Shop）里面，比较咖啡的价格，告诉他们在过道尽头经常会发现物美价廉的东西。我们究竟在讨论什么呢？我的脑海中一直出现这声音。你为什么关心有机蓝莓了？正常人谁会去关注蓝莓？究竟怎么了，为什么我不能看手机，我真想抛开你们，抛开这层楼！

但是，我还是微笑着聊天，提供最好的建议。我每年能够在超市日常用品中节省 4000 多美元。来自面包部门的一位可爱的女人给我做了一个小黄人形状的蛋糕（小黄人图案出自电影），上面写着“优秀的美国小黄人”。

在整个过程中，我有点魂不守舍。

还是没有任何来电。

大约下午 4 点，我自己打电话给医生，他跟我说忙完了给我回电。

下午 5 点，还是没有来电。我又打给医生，可是办公室关门了。

那个晚上，我一夜未眠。结果是，当我拍摄完回家时，瑞恩告诉我，他也打电话给医生办公室了解产检结果。医生已收到医院报告文件，产检结果只能告诉我，而不能告诉他。

当然，这让我们有点晕。为什么医生不给我们打电话？

第二天早上，太阳出来，我才睡了不到两个小时。我的心里非常矛盾：一方面，我当然不希望孩子面对任何不必要的生活问题；另一方面，威尔是一个令人难以置信而神奇的小男孩，我不会改变他小身体内的染色体，即使是有 47 条染色体。

凌晨 5 点，睡不着了，我决定穿上跑步鞋，前往中央公园。跑了 80 分钟，一路深思，放着喧闹音乐，极力地呼吸，走回公寓，淋浴。

我感觉好多了，身体虽然疲惫，但头脑清晰。我深知，无论测试结果如何，一切都会好起来的。因为我有瑞恩，因为我有艾迪，因为我有威尔。因为我有这个婴儿，我会像爱其他人一样地爱他。

上午7点59分，电话响了，那是我熟悉的号码。我说："嗨。"

电话另一端是一位女人的声音，她说，初次CVS测试结果显示没有病理症状。我的孩子没有患上唐氏综合征，其他三体也没有问题。

你可能会认为，我终于松了口气了。当然，这只是其中一部分。我也曾有悲伤的时候。我并不期望没有相同经历的人能够理解。面对孩子在某些方面不像他的哥哥那样完美而感到悲伤。

跑步让我头脑保持清醒，这比任何其他每小时200美元的课程更加有效。在我等待染色体微阵列分析结果的那几天，我定期跑步。到真的来电的那一天，当医生电话号码浮现在我的手机屏幕上，我感到非常惊喜。

一切都很好。我想，结果怎样都好。到那时，我已经顺其自然了。我心里有一直想要的答案。我只是需要时间整理思绪，独自思考，回顾一直以来的坚强，坚信在这个世界上没有什么（当然没有测试结果）可以妨碍我的幸福生活。电话另一端告诉我的事情不会改变我对腹中未出生婴儿的爱。

我需要时间跑步。幸运的是，我有时间去跑步。

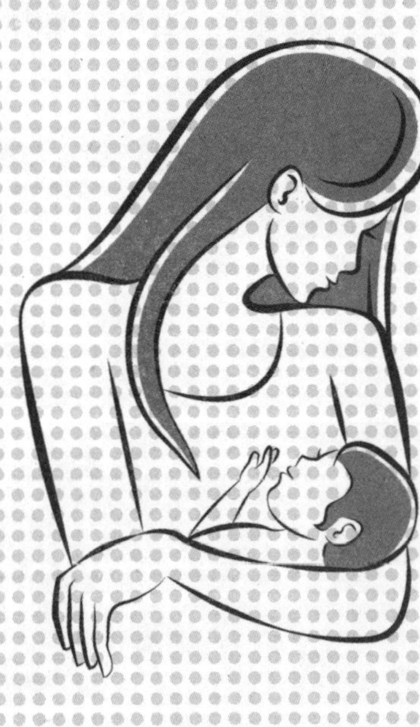

辣妈的理想生活

第 5 章

脱掉妈妈装：不要让你的着装风格落后于孩子

我们的穿着对于我们的心态有着很大的影响，以至于扭曲和决定我们的想法和判断。花更多的时间关注我们自己的外表，至少与我们花费在孩子外表上的时间相同，改善我们与外界的互动关系，成为更快乐的人。更重要的是，妈妈们不要逃避照镜子，可以花时间去拍一些家庭照片。

我能够清楚地意识到，我从极度关心自己的外表转变成了更关心孩子的外表。

在我女儿还没出生前，我就已经为她购买了“完美”的居家衣服。当时还不知道是男孩还是女孩，找衣服相对比较困难。直到有一天，我走进了麦迪逊大道一家的 Baby CZ 童装店。

走进商店，陈列在长桌上的是一件奶油色的羊绒毛衣，搭配着一条裤子。毛衣质地十分柔软，材质采用纯羊绒，款式非常漂亮，价格也非常昂贵。

我没有理由去购买这么昂贵的东西。当时我正在休三个月的产假，其中有一段时间是不带薪的，于是我没有购买那件衣服，便离开了商店。

几个星期后，在10月的某个早晨，我女儿艾迪出生了。她是我一生挚爱的人，也是我一直等待的宝贝。我让瑞恩帮我打电话给童装店描述并订购那件衣服，额外付费让他们送货到诺克斯山医院。

两年多后，这一场景又重演了一次。我儿子出生时就穿着同样的奶油色衣服回家，当时正逢圣诞节来临，我又痴迷于为他寻找另一件可爱的衣服。该季节的第一场孩子聚会就快到了，可我还什么都没买。我在童装店看到件可爱的衣服，可是太贵了我没买。最后，我还是打电话到店里订购，这回是将衣服送到我的公寓。

今天，如果你打开我孩子的衣柜，可能会感到震惊。看到那些几乎没穿过的名设计师及名牌的衣服，穿过一次的鞋子，每个人都有一大堆的外套和夹克，这让我感到头痛。每个冬天，妈妈总是让我穿上无可挑剔的舒适的外套，显然我继承了妈妈的这一个基因，还将其发扬光大。

每个人都有不止一件海军蓝的夹克，有人有两件甚至更多。

我不是抱怨我没有像样的外套。我的外套都是前些年买的。我常穿的那件黑色连衣裙是12年前购买的，里衬都撕裂了还继续穿了10年。

不管是在操场上，去上音乐课，或出外吃饭，你都能够清楚地看到父母和孩子之间的着装差异，这在妈妈中是普遍存在的问题。当然，在很多婴儿健身房或生日聚会中也会看到有些潮妈，脚穿12厘米高跟的及膝麂皮靴，身穿剪裁得体的毛皮斗篷，手推着八个月大婴儿的手推车，但绝大多数妈妈都是身穿黑色运动裤，脚穿运动鞋，头扎马尾辫。这些是我们普遍认为的“好”妈妈行头。

那孩子们呢？哦，孩子们。除非在特殊情况才会穿瑜伽裤，比如说，上蹒跚学步的瑜伽课，否则你很难在操场上找到一个与妈妈穿得一样随意的孩子。过分装扮孩子的情况在女孩子的妈妈中更加普遍，但是男孩子的妈妈对孩子的衣着也绝不马虎：一个男孩会在生日聚会上穿一条运动裤吗？不会。即使是聚会举办在健身房也不会。

回过头来看我自己亲爱的儿子。威尔不止一次被大家称赞为“上东区穿着最好看的孩子”。艾迪的一个朋友的妈妈对我说，她好想将威尔衣柜里的衣服复制成符合她丈夫尺寸的衣服。还有些周边的人跑过来问我，能否看一下婴儿车里的威尔，看看他今天穿什么衣服。

不要误会。孩子穿得不错，但是孩子本身对时尚没有任何感觉。这都是我们日复一日花时间去购物、挑选、决定，并将这一切搭配到他身上的成果。在艾迪刚上学开始穿校服前，也是一样的情况。

不要以为我会等到早上再为孩子们选择衣服。不是的。艾迪的每件衣服以及她每天要穿的制服（这个相对容易）都是前一晚精心选配，并搭配好袜子和鞋子。孩子们共享一个房间，每个人都有一个绣着他们的名字的毛绒小椅。睡觉前先选好衣服，然后放在他们各自的椅子上面，这是雷打不动的事。瑞恩的衣服我在早晨前就已经为他选择好，他没有机会挑剔这些为他选好的衣服，因为重换衣服需要时间。

威尔每周都会上一节音乐课，那天通常会穿一件纽扣恤衫打底，一件毛衣，一条整洁的裤子和一双与着装搭配的袜子。他的音乐教师经常夸他的衣服漂亮。但是，我却败在了袜子上，是我自己的袜子，不是威尔的袜子。第一学期音乐课要求大人脱鞋，我穿了一双很不搭的袜子。

每个星期，我都穿着一双很不搭的袜子；每个星期，脱鞋时我都会觉得很难堪。但每周课程结束后，我就全然忘记了我自己袜子的事，下一节音乐课还是穿着不搭的袜子（甚至是我每天都穿着不搭的袜子）。“为自己买双合适的袜子”成为一件永远待办的事项，存在脑海里的某个地方。尽管我至少每隔一周都会去百货公司为孩子们采购衣服，却从来都不记得去完成这件事。

圣诞节时我为自己买了些袜子，我等不及下一堂音乐课再穿。我这才发现：拥有一双适合自己的袜子让我如此兴奋。

我以前不是这样的。虽然有些女人天生会比别人更关心自己的衣服，但是我不是时尚的奴隶。事实上，我甚至不喜欢购物。但是，我还是每天努力穿着得体的衣服，确保所穿衣服无任何污渍。我也非常清楚我什么时候穿什么衣服，试图不要出现短期内反复穿着某件衣服的情况。毕竟，我有很多选择，为什么不换着穿呢？但是，现在，我进入一个新的身份，我正式接受了妈妈装束。

“我不再是一个女人，我是一个妈妈。”

“妈妈装”是新出现的一种现象。“妈妈装”和“妈妈发型”都是已婚没孩子的女人发誓永远都不会发生在自己身上的事。

时尚心理学领域的先驱凯伦·佩恩教授在2014年写了一本书，名为《在意你的穿着》，讲述的是关于时装和信心之间的关系。她在书中写道：“你选择的服装会产生强大的反馈效果——传达潜在信息，改善你的心情或影响你的心情，甚至会改变你的思维过程和能力。”

她还写道：“我们的穿着对于我们的感觉有着很大的影响，以至于扭曲我们的想法，决定我们的判断。”佩恩指出，当一个人沮丧时，她最先失去兴趣的是穿着。所以，她提出了一个问题：服装是否真的可以改善情绪？在一项针对100名女性的调查中，10名中有9名确信她们的穿着影响着她们的心情。

佩恩说，如果一个女人感觉不佳时，会随便套件旧牛仔裤和宽松毛衣，将自己“裹在里面”，将身体视作心情低落的消极表现。她看了一下镜中的自己，试着尽量不让人察觉，但看到自己“邋遢”的外表使她的心情更加低落。所以，她又再次选择穿这些难看的衣服，心情就会持续低落，就这样一直恶性循环下去。

佩恩说，这是我们从未想象过的。外部世界会收到我们所选衣服发出的暗示，并给予我们相应的回应。在赫特福德大学的一项研究中，研究者为 45 人拍了照片，并问及他们的心情状况。实验室没有告诉他们穿什么衣服。研究人员使用积极情感消极情感量表（PANAS），该量表采用 20 项题目评定情绪，使用类似“羞愧”或“兴奋”等词语针对参与者的情绪进行 5 个等级的评分。接着，他们向另一组志愿者展示参与者照片，去除面部图像以免透露关于情绪的提示。

佩恩说：“没有看到任何面部表情，只看穿着的衣服时，观察者竟能不可思议地猜准照片中人的心情。他们能够一眼识别出哪些人正经历着负面情绪。情绪积极的人更加容易被辨别出来。这在统计学上有着显著相关性，意味着这不是一个偶然的结果。”

接受研究的女性表示，在开心时穿着自己喜欢的衣服，比在低落时更加愿意十倍。于是佩恩想到一个问题：如果情绪低落的女人穿上她最喜欢的衣服而不是牛仔裤，会发生什么情况呢？

这并不意味着，我或其他妈妈穿着牛仔裤就是情绪低落。我之前说过，再在这里重复一下，尽管你可能看到我穿得很糟糕，但我认为自己是一个非常快乐的人。但是，如果我给孩子们穿着让他们看起来很棒的衣服，那我是不是也应该试着考虑一下自己的着装呢？

佩恩说：“穿上具有吸引力的衣服，会引起他人做出积极的行为，反过来让我们感觉良好。我们可以将他人当作我们的镜子，从他人的反应确定我们相应的外观和行为。”

如果威尔意识到自己是“上东区穿着最好的孩子”，那么在他进入少年期时，他就有着足够的自信。

《周六夜现场》在2003年上演的一场滑稽短剧里，有一个关于“妈妈牛仔裤”的“商业广告”——高腰的过时款式，其设计是为功能而不是为形体。“雷切尔·德莱奇不管去哪里——从足球比赛到城镇之夜——都喜欢穿着这些牛仔裤。”介绍者一边说，雷切尔·德莱奇和她的丈夫一边走出家门。丈夫看起来似乎对其非常厌烦。

“我不再是个女人，我是一个妈妈。”这个标签对于丈夫和妻子来说同样可怕。然而，这种最差穿衣风格似乎是妈妈所要面临的一种不可避免的事情。

我记得，在那个短剧第一次播放时我看了。我几乎笑尿了裤子，简直太时髦，让我不禁想起了年轻时候的自己。我在想，这些妈妈有多么悲哀，简直是外星人，我不敢去想象我自己有朝一日会也变成那样。

我曾发誓这事永远不会发生在我身上。但是，那个时代的高腰“妈妈牛仔裤”不就等同于现在这个时代的黑色运动裤吗？而我成了主犯之一。

记起我在前一晚仔细为孩子挑选服装的事。我在想是否也可以每天晚上为自己做类似的事情，答案是做不到。为孩子们挑选完衣服，还有其他事情要做，哪有时间去考虑我自己第二天穿什么衣服。但是，我上班也需要合适的衣服。每天早晨醒来，我踮着脚走到衣橱，轻轻地打开门，怕吵醒瑞恩。衣柜灯光太亮，所以我不敢打开衣柜灯。（并不只是我这样，我有一个朋友其公寓布置得与我们相似，她说最近有一次无意穿了件黑色连衣裙和海军蓝连裤袜去工作。她笑着说：“在昏暗的晨光中，我分不清紧身连裤袜是黑色还是蓝色，但是我怕弄醒我的丈夫而不想开灯。于是，我只能一整天穿着这条不搭的袜子走在城市里。我是不是太体贴了？”）所以，我在黑暗中摸索，寻找适合上班和那天天气穿的衣服。我的选择范围非常窄，为了快速穿好衣服，我通常只是取衣柜最前面的衣服。这意味着我经常重复穿同一件衣服去 ABC 新闻公司上班。

但是，至少那一天孩子们看起来很好，对吧？毕竟，他们还要做游戏和午睡，而我只是从事重要的新闻网络工作。

《宋飞正传》喜剧中有个情节，乔治穿着宽松的运动裤（即男性穿着黑色运动裤的情况）来到杰瑞家。

乔治吃一袋薯条时，杰瑞问：“怎么又穿这件运动裤？”

乔治回答说：“嗯，它很舒服。”

杰瑞说：“你知道你穿这些运动裤给世界传达了什么信息吗？你正在告诉全世界，我放弃了，我不想参与正常的社会竞争。我很痛苦，我也很舒服。”

妈妈应该关心自己给世界所传递的“信息”。当你保持最低穿衣标准时，至少需要去考虑那些陌生人的看法。

但是，不是要你立刻改过来，这里衍生了第二个值得考虑的问题。结合杰瑞对乔治的嘲笑与佩恩所做的研究可以得出一个结论，我们的穿衣方式传递着有关我们自己的信息，不管这传递的信息是否准确，这种信息传递确实是存在的。无论我们是否愿意，人们会基于这些信息对我们作出反应。这些反应有可能会影响我们一天的心情。

像关注孩子穿衣搭配一样关注自己的穿衣搭配

多花些时间关注我们自己的外表，至少与我们花费在孩子外表上的时间相同，改善我们与外部的互动关系，成为更快乐的人。更重要的是，我们不要逃避照镜子，花时间去拍一些家庭照片。

从我洗衣服这件事来看，就根本没有传递出有关我自己的积极情绪的信息。每周，我们都有一次全家衣服大清洗，瑞恩和我一同洗衣服并将洗好的衣服放好，他放他的衣柜，我放我的衣柜。除了每周从干洗店送回来那几件需要用衣架挂着的衣服，我没有什么别的衣服。我上班的衣服通常需要干洗（老实说，都是穿了不止一次再送去洗），然后再在不同时间送回。我叠的衣服都是一些内衣、黑色瑜伽裤、黑色运动裤、弹性上衣和睡衣。

瑞恩总是笑着说我：“你有什么真正的衣服吗？”他说得很好，也非常正确。我通常会玩笑着回答，我又不是在上班，完全不需要“打扮”。

当然，有的日子我会尽量展示我最好的一面。有件事令我印象特别深：威尔洗礼的那天，我想要呈现完美的一面。我为自己订购了一件美丽的奶油色连衣裙，领口和袖口为蓝色点缀。这是我为洗礼精心挑选的，白色象征着洗礼，蓝色象征着小男孩。衣服修身的剪裁可以遮掩住我减不掉的那 10 斤肥肉，因为当时我才生完威尔 5 个月。

那天早上，我自己去两个街区的酒吧大吃大喝一顿。我甚至还去美甲沙龙做快速美甲，再返回公寓，帮威尔穿上熨烫平整而质朴的家族洗礼长袍。他当时还处于婴儿口水期，所以我等到最后一刻再为他装扮，出门前再自己穿衣服。我本来想穿我那双裸色高跟鞋，可是到处找不到。

我开始出汗。现在，所有家人都整装待发，就等着我找鞋。我认为只有孩子们的鞋才会找不到，不是吗？不是的，他们的鞋子已经提前放好，以避免出现马上要出发却突然找不到他们鞋子的状况，而现在是我找不到自己的鞋。我们不得不出发了，但是我却到处找不到那双鞋。我的嘴里开始说一堆脏话（是的，我知道我们要去教堂），我得重新控制一下自己，我改穿了一双黑色的鞋子。我突然记起，那双裸色鞋子放在ABC新闻公司的办公桌下面，不过我决定不让这件愚蠢的事情影响这么重要的一天。今天远比鞋子重要得多，我心里想，就这样吧，黑色也挺好看的！没有人会看你的鞋子，谁会去在乎？午餐后有将近50人来到教堂，我根本没有时间去烦恼鞋子的事。

而事实上是，我根本不该去担心鞋子的事。我应该担心的是我的连裤袜。在那天拍的每一张照片大部分都是我抱着威尔站着，洗礼大多数时间都需要抱着婴儿站着，我裙子边缘居然露出了连裤袜有松紧带的部分。每一张照片都能看得到。

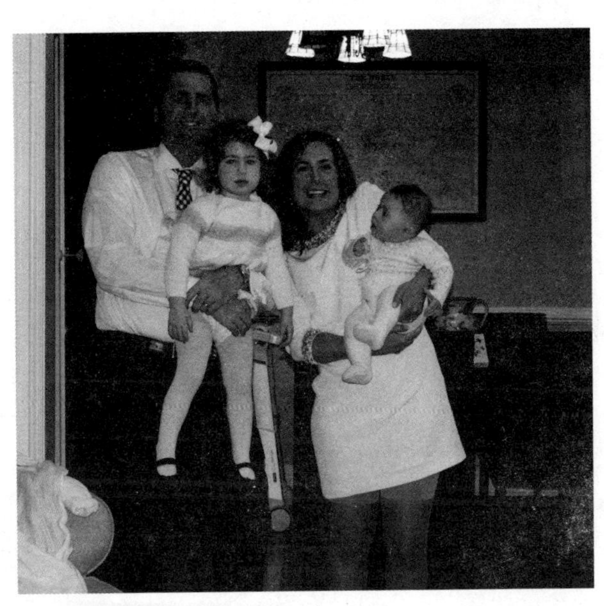

但是，威尔呢？他看起来像个天使。虽然，我认为他不会在乎这些。

我已经到了不敢打开威尔衣柜的地步，因为有些衣服还没穿过就已经太小不能穿了。背面还留有标签，黑色价码印在白色背景标签特别显眼，毛衣40美元，裤子60美元，一件夹克80美元，看得我肠子都悔青了。他的衣柜让我感到莫大的羞愧，时刻提醒着我完全是在浪费钱。

作为妈妈的我却没有什么衣服穿。同时，孩子们每天都在成长和变化，衣橱里有很多衣服还未拆标签就已经太小无法穿上，数量多到完全可以开一家婴儿精品店。

我考虑再生个孩子，（如果是男孩）这样就可以穿这些没穿过的衣服。

注意孩子着装的结果是妈妈将自己的着装放在第二位。妈妈都不再关注自己的外表（毕竟她成了一个妈妈），希望其他人（和她一样）只关注她的孩子。不知为什么，妈妈在孩子外表方面处理得非常完美，而在面对自己外表时却处理得非常失败。无论你多么不在乎，这确实影响了你一天的心情。妈妈们感觉自己不再像她所希望的那么美丽，回顾照片时后悔当时怎么不涂个睫毛膏。

我希望我能从洗礼的那件糗事中得到教训，但是没有。我们计划带孩子们去一个南瓜农场，为万圣节挑选南瓜，和小动物玩耍，取干草和骑小马。这多么有趣呀，是吧？有很多拍照的机会！我想象着，南瓜个个有孩子们膝盖高，孩子们在南瓜地里，多完美的秋日照片。

于是，我开始设想给他们穿什么衣服。艾迪的装束非常完美。拉尔夫·劳伦（美国经典服装品牌）的膝盖补丁骑马裤，拉尔夫·劳伦的粗花呢外套，以白色纽扣点缀，选择3周岁孩子的尺码。但是，我觉得还存在一个问题。显然，还需要一双骑马靴才够完美。于是，我开始到处去找骑马靴，终于在街上一家商店找到一双价格合理的骑马靴。

然后，轮到威尔。当然是穿肘部打着海军蓝补丁的橙色羊绒毛衣。我不知道为什么，孩子们那么容易弄脏衣服，又不懂得爱惜衣服，我还给他们买这么多羊绒衣服。然而，还是会忍不住想给柔嫩的小宝宝穿上一件质地这般柔软的小衣服。

我想这就是为什么大家抵挡不住儿童羊绒衣的诱惑，至少我是抵挡不住的。他还有几条羊绒裤，完全不实用，但我还是难以抵抗那种柔软的质地。

两个孩子都精心打扮了一番。艾迪还让我帮她将大蝴蝶结戴到头上。

接下来就是我了。

我从来都没有想过和他们一起合照时该怎么打扮，也从来没有想过和他们同框时是否应该看起来像样点。我在想那天只要入镜一张照就行，虽然那时觉得一张都太多，但还是很高兴地拍了一张。这张照片提醒了我，在那一刻我是多么的不和谐。

我甚至连牛仔裤都懒得穿。是的，我穿着黑色运动裤走来走去。

如果有一天你正要穿衣服和孩子一起出去，发现很费劲才能把牛仔裤穿上，这时你就该明白了，是时候重新审视你的生活，是时候解决问题了。

对我来说，我完全累瘫了，连提裤子的力气都没有。

在 ABC 新闻公司报道的生活方式中还包括了时尚主题，这一向是令我非常开心的部分，我可以有许多时间去为日常生活方式的相关问题寻找解决方案，这是多么奢侈的一件事。当然，也包括为我自己的事寻找解决方案。现在我面临的问题是，我需要些关于我的着装的帮助。

对于该问题近来出现了多种解决方案，其中一个就是服装租赁公司，它以较低费用租用名牌衣服和少部分日常衣服，衣服穿完直接还回租赁公司。该服装租赁公司主要提供针对特殊场合的时装，但是我觉得可以租用这些衣服上班穿。对我来说，我的上班的衣服一般都是裙装。

我下的第一个订单是件皇室蓝的无袖裙装，端庄职业。领口剪裁得体，裙子富有弹性，衣服的线条是我一直喜欢的修身风格。

衣服既不令人印象深刻，也不令人惊艳，穿在模特身上比穿在我身上效果好得多。不过，对我来说这是一件新衣服，只花了 35 美元就可以租用一段时间，这意味着早上上班前不用去考虑穿什么衣服。单单这点就非常值得。

当要还衣服时，麻烦来了。衣服附带的借还说明写得非常详细，但是由于我缺乏 UPS 快递打包经验，花费了长达一个小时才完成此件事。

我访问 UPS 网站查询在我上西区办公室附近的投递箱网点，我很高兴地发现街对面就有网点。太棒了！于是，我将衣服放进原先提供的返回包装中带去上班，打算出去吃午饭时去还衣服。

我走到哥伦布 67 号拐角，找寻 UPS 快递投递箱网点，却始终找不到一个箱子。我觉得非常奇怪，我看了一下网站，似乎往北几个街区外还有个网点。我想，好吧，只能走到下一个网点。或许网站未及时更新，或许这个 UPS 投递箱由于某种原因停用。

我花费了一个多小时（随后又到镇上几个地方找寻未果，拿着个大盒子到处走，还没吃午饭，越来越恼火），终于碰到一位友好的陌生人告诉我，UPS 投递箱网点通常位于大厦里面。天呀！

在我返回 ABC 新闻公司所在地的时候，时间已经过去两个小时了。顺便说一句，正如网站所示，街道对面一个办公楼里就有一个 UPS 投递箱网点。虽然这不是服装租赁公司的错，但是我开始讨厌服装租赁公司。永远讨厌。

所以，服装租赁的事到此为止。

我还是决定将自己打扮得更好。《早安美国》写了一篇有关一家名为“时装盒子”（Stitch Fix）公司的文章，该公司主要提供服装订购服务。听起来很简单，只要在线填写问卷，符合你风格的衣服就会送到家门。把想要的衣服留下，不想要的送回去。对于那些讨厌购物的人来说就像一个私人购物助理。

根据该公司发布的数据，70%的女性获得第一箱衣服后会在 90 天内再订购另一箱。我知道，许多女性朋友是时装盒子公司忠实的订购者和爱好者，但我不是其中一员。

填写个人资料需要花费一些时间。我填写得很清楚：需要些职业的和休闲的衣服，喜欢经典和定制款式；不要太波西米亚风格，不要太时髦，不要太学生。

说实话，送来的衣服没有什么不妥，但最终我只留下了牛仔裤。这些牛仔裤质地超软，而海军蓝与白色相间的条纹 T 恤、宽松针织毛衣、黑色人造皮细节精致的红色连衣裙，这些衣服都不太适合我，我将它们送回服装订购公司。

对于不赶时髦的人来说，只要脱掉那条瑜伽裤，就已经很好了。

其实我喜欢我所拥有的许多东西。但是，很多衣服都是杂乱堆放着，款式太年轻，裙装太短，毛衣太轻飘。是时候该清理衣柜了。

向慈善商店捐赠了七大包衣服后，至少现在我知道衣柜里有什么衣服。其实上班可穿的衣服挺多的，反而周末穿的衣服比较少，除了那条我在时装盒子公司初体验订购时留下的牛仔裤。

已经想好要像对待孩子的装扮一样对待自己的装扮，于是我来到一个给我衣橱大换血的地方。

麦迪逊大道。

虽然价格昂贵的羊绒连身衣无法列入我的购物清单，但麦迪逊大道还拥有一系列著名设计师的精品店，同时还拥有更多价格亲民的品牌，如 J. 克鲁（J. Crew）和安·泰勒（Ann Taylor）。所以，我选择从这些入手。在自己的服装搭配方面，因为我基本不是一个时尚奴隶，所以我从选择基础款开始。选择纽扣裤子搭配衬衫，而不再搭配 T 恤衫，这是迈向正确方向的重要一步。

当我在为衣橱换血时，我心里想，比起买新衣服填充整个衣橱所花费的时间，我可能需要花费更多的时间打理这些衣服。例如，我不太可能穿着我手里拿着的这件丝绸衬衫上床睡觉。

我突然想到，我有时穿着已经穿了一天的衣服上床睡觉。现在，说句公道话，当我第二天醒来时，我总会换条干净的运动裤。我并不是一个野人。但是，你在白天穿的衣服能当作睡衣吗？不太好吧。记得那睡衣广告怎么说的吗？广告说：活在睡衣中。我无法接受牛仔裤睡衣。我在想，我们生活在什么样的一个社会中，连穿什么衣服都不能一意孤行。

显然，我才是被这社会排斥在外的人。我从来都未曾为自己购买一条牛仔睡衣，但是这和你穿着运动服睡觉又有什么区别？

先打理好自己的衣橱

我意识到，我终于有上班可穿的衣服了（在我清理几袋衣服送给慈善机构后）。我意识到，在我生活的所有其他方面，我都要像对待孩子一样细心地对待自己。幸运的是，解决方案很简单：我决定在前一晚为自己搭配好衣服，正如我为孩子做的那样。毕竟，提前为自己选好衣服与我照顾孩子并不起什么冲突，对吧？三分钟时间，我可以给花瓶换水或将金鱼放进另一个杯中，但是现在我宁愿为自己选择第二天穿的衣服。

一件简单的事会带来巨大的区别。我不想成为一个注重外表的人，但是能够每天外出时穿漂亮点，听起来也不错。此外，提前为自己选好衣服、搭配好袜子和鞋子这一简单的举动使我受益不少。

至少在早上，我再也不用醒来在黑暗中瞎摸，随便抓双与衣服风格不搭配的鞋子穿上，暗骂仍在睡梦中的瑞恩。我只要下床，拿起摆放在旁边的衣服，走进浴室，30 分钟内冲澡并穿好衣服。从浴室出来后，就完全准备好一天的妆容，这一切都在孩子们醒来前做完。现在，我可以集中精力为他们做好他们出门前所需的一切：吃早餐，刷牙，打包一天的小吃和午餐，甚至经常连晚餐都装盘，将晚饭要吃的东西备好放在冰箱里，一切准备就绪，每天晚上一进门就可以立马开工做晚饭。

为自己打理衣服这一举动相当成功，于是我决定想想还有什么早上的事情可以挪到前一天晚上先准备好的。我已为艾迪打包好午餐和小吃，接着又为威尔准备。我意识到，我们在要离开家上学和上班前的那几分钟是早晨中最紧张的时刻，到处找不着所需的鞋子、帽子和手套。现在，我在想是否可以让孩子们穿着鞋睡觉。这似乎不太合理，于是在给他们穿衣服的同时就将这些都给他们穿上，而不是等到出门前最后一分钟还光着脚到处走来走去。这违背了我当初不允许在公寓里穿鞋的规定，但是解救了早晨那些紧张的时刻，我觉得非常值得。

我还会在前一晚决定第二天采用什么交通方式上学。现在，住在郊区的妈妈一般都乘车。但是，对于住在城市的妈妈，上学可不只是简单的走路，有多种花样。如果那天要接送艾迪上下学，可以让她走路或骑滑板车。但是，滑板车不允许带进学校，所以那天我要在上班路上返回公寓放下滑板车。如果那天又要接送艾迪上学放学，同时又要带威尔去幼儿园，我就必须使用双人婴儿推车。如果那天艾迪要上学，威尔要接受第二阶段治疗，这意味着他们得分开，我需要用单人婴儿车推着威尔。因为婴儿车要留在医院，让我妈妈或保姆（取决于那天情况）推他回家，医院不让放双人婴儿推车。

这足以让你头大，但是事情最好在你有时间时想好，而不是等到早上时间紧张时才到处找哪里都找不着的婴儿推车的雨罩。事实上，我不太喜欢艾迪上学前班后，我每天早晨的样子。我在很多早晨都暴躁易怒，蓬头垢面。不管我多早起床，到了上午 8 点要出门时什么都还没准备好。

当然，这时我整个早晨都会大吼大叫，有时还哭，还会跟瑞恩吵架。当我坐到办公桌前工作时，我感到身心疲惫。

这一切都逃不过艾迪的眼睛。有一天早上，我改变了这种状态，所有都提前备好，一切非常顺利。实际上，我甚至可以与威尔坐在沙发上看十分钟的《嘎巴宝宝》（一部结合动画、人偶、真人的美国儿童剧），还能够与艾迪一起开玩笑，陪她一起悠闲地走到学校，而不是一路拽着她走。

她以她 4 岁的智慧对我说："妈妈，我很高兴你今天没有冲我生气，我喜欢你和我一起走路上学。"

这多么令人心碎。但是，这给了我一个警示：她值得拥有更好的，威尔值得拥有更好的；瑞恩值得拥有更好的。

我也值得拥有更好的。

而更好的正是我所得到的。那一天，去上班非常开心，没有出现那些不好的情绪，我安定地坐在办公桌前，和同事开了几个玩笑，我感到快乐。

前一晚布置好衣服并不是为早晨带来幸福时光的唯一途径，但这确实能起到帮助作用。坚持执行我所提倡的像照顾孩子一样照顾自己和考虑自己这一方案，是相当正确的。备好他们衣服，再备好我自己的衣服，两全其美。

第 6 章

抽时间与朋友见面：留些时间给你自己的朋友

简直是筋疲力尽，在这之后我做了一个决定，以后与朋友聚会再也不带孩子了。每次聚会我都尝试着同时完成陪孩子玩耍或工作的任务，但没有一次成功。我在想，是时候该纯粹地与闺蜜们约会了，就像孩子们去跟他们的小伙伴一起玩一样，途中没有其他行程和职责干扰。

我还记得第一次与那位妈妈“约会”的情景，那真是个令人极其痛苦的下午，至今都令我记忆深刻。

随着第一个孩子艾迪的出生，我脑海中就再也没有出现过与朋友出去玩的想法，也从来没想过去结识些妈妈朋友。我每天全身心地都在想如何做个妈妈，如何悉心照顾宝宝度过这段美好而又神奇的婴儿时期。因此，当别的妈妈们都加入小区妈妈互助群（我后来才知道的）见面交流时，我几乎都在埋头忙着自己的事，一个人带娃散步。整个产假都是和宝宝一起度过——一起去公园散步，出外就餐和会见家人。

当我女儿6个月大时，我决定带她去上音乐亲子课。上第一节课时，我发现课堂中的其他妈妈们显然彼此都已非常熟悉，形成了一个小团体。她们都很友好，但我好像被排除在这个团体之外。在一节5月龄宝宝的音乐课中我是怎么感到自己被排外的呢？因为妈妈们将包婴儿的毯子相互挨着放，相互抱抱对方的孩子，但跟我没有任何眼神交流。

因此，当有个妈妈坐在我旁边和我聊天时，我非常开心，我有伴了。

那个妈妈有点奇怪。外面挺冷的，她却穿着件短裙，没穿裤袜。课堂中她时不时得做俯身动作，在教室中其他妈妈、保姆和一群孩子面前走光。在教室中，她的女儿时不时从她身边爬开，她会向教室另一头的妈妈们喊："快，在那儿，在那儿。"其他妈妈会帮她拦住宝宝。

奇怪的是，她从来都不自己去拦住宝宝。

不管怎样，在她约我一起玩时，我本应该找个理由推掉的。但相反，我却邀请了人家来家里玩，而这便成了我生命中最痛苦的90分钟。她跟我讲述她整个人工授精过程的细节、生孩子对她下身所造成的各种变化，以及她最近吃药引起的一系列胃痛方面的副作用（其中包括胃胀）。要是不用去上音乐课，我就不用再见到她了。但是，这是不可能的事，我每周没办法不见到她。每周一的45分钟的音乐课本来是我和艾迪共同参与的一项有趣活动，而现在却变成了听这位妈妈在窗台附近滔滔不绝谈论自己身上所发生的事。而她最常重复的话题是有关于她女儿的"亲生父亲"（即捐精人）装精子瓶子上面的编号，竟然有两个编号。当我与女儿在教室内跳舞时，她时刻紧跟着，告诉我她的排卵期和适宜的人工授精时间。大家把孩子放在腿上围坐成一圈看木偶表演时，她并不看表演，而是问我极其隐私的问题——怎么怀上艾迪的？花多长时间？多久试一次？是否吃过助孕药？在儿童贝多芬音乐课——城市首席儿童音乐机构——播放音乐的整个过程中，她都在问此类问题。

从那次后，我们就再也没约过，但是你无法忽略她的存在。她约我的次数越加频繁，语气也越加强烈。我每次都是以工作行程冲突为由拒绝她的请求，似乎把人家一直都挡在门外。有一天，我在脸书上面发了一些由专业摄影机构拍摄的家人照片。她看见了，于是在我工作时给我发短信想了解更多的相关信息。

她：你好，我在脸书上面看见你发的照片了，摄影师叫什么名字？

我：你好，她叫凯瑟琳·德斯蒙德。

她：我怎么才能联系上她？

我：她的名字就是她的网站域名，在她主页上应该有提供相关的联系方式。

她：那她的电话号码是多少？

我：我不知道，我不是通过电话与她联系的，她的电子邮箱是×××。

她：你怎么会没有她的电话？

我：我现在正在工作中，我得工作去了。你给她发邮件，她会及时回复的。

她：你这人太自私了，我只是问你件小事而已，连人家一个电话号码都不告诉我。你什么人呀？

她：我只是想和我女儿拍些漂亮照片而已，你是不想让我们也拍吧？你说你什么人呀？你这也太自私了。

她：现在不理我？你也太没礼貌了。为什么就不告诉我呢？

暂停了 5 分钟。

她：你们拍照花了多少钱？

那天我取消了儿童贝多芬音乐课，将艾迪的音乐课换到较不方便的时间。然而，这次不愉快的约会并没有让我从此放弃与其他妈妈们约会的想法。

大家会觉得，这样一个糟糕的经历可能会让我不再与其他妈妈见面。但是，事情并非如此。实际上，我还是继续应邀每个妈妈的约会。我见过的大多数妈妈都非常棒——正常、风趣和幽默。但是，对我来说大多数都相对比较陌生，需要投入大量时间了解。在一周里，有两天要赴三个约会，按曼哈顿的标准，这甚至可算得上是极高频率。当然，由于我工作行程的原因，约会次数还是远远比不上其他妈妈。

要不是因为我两个好朋友都住得很近，我根本无法在同一天分别和她俩约会见面。这样一来，在 4 个月里，有 2~3 次机会与我的好朋友们见面，有 16 次机会与不太熟悉朋友的见面。

直到与其中一个最好的朋友凯伦见面后，我才意识到我所花的时间与我所在意的朋友之间关系明显脱节。从 10 岁我们在泳池见面的那一刻起，我们就形影不离。记得那时她跟我说她很喜欢我的泳装，那是条印有四格漫画的连体泳装。当时我在想，这女孩很有时尚品位。从那刻起，我们便成了小伙伴。每个夏天的每一天，我们都待在一起。有珍妮的地方就有凯伦，有凯伦的地方就有珍妮。由于我打电话到她家次数太多，导致她妹妹一听是我的电话就挂断。几乎每个周末我们都会到对方的家里过夜。

当然，随着我们长大、结婚，便开始各自忙各自的生活。我们之间依旧亲密，只是时光匆匆，一转眼已许久未见。最近终于和凯伦约上见一面，这时我才意识到，我们已经将近 5 个月未曾见面了（我们曾一起吃晚餐，喝着玛格丽特酒，玩到很晚才回家）。此时，我多么希望能够拥有更多这样的时光，但是这次我们都带着彼此的丈夫来赴约。

我和瑞恩走进约好见面的东村酒吧。凯伦和她丈夫卢已经到了，正坐在里面喝着东西。大家相互拥抱了下，接着我开始点酒，问他们想喝点什么。就在他们回话的同时，我看了一眼已放在凯伦面前的饮料，我意识到那是一杯水，我立刻明白那是怎么回事。

凯伦兴奋地说："我怀孕了！"这是他们的第一个孩子，当然是个重大消息。于是，我们开心得又开始拥抱起来，彼此都流下兴奋的泪水。我问她怀上几周了。

她回答说，16周。什么？她怎么可以这么久才告诉我？我的老朋友竟然怀孕4个月，才告知我这一消息。

她说："我知道。我真的很想告诉你，但我想亲自告诉你这个消息，只是一直都没能见到你。"

当我们接着聊下去，我明显地感到我们彼此间越发生疏，这远远比我那么晚得知她怀孕消息时所带来的那种生疏感更加强烈。这是件非常令人难过的事。我原以为我是她最久、最亲密的朋友。她说得对，她太久都没见我了。

妈妈也需要和朋友约出去玩

我问我自己，为什么会想到这一点。于是我开始反思我自己，我是一个很重视友情的人——拥有结交了25年的好朋友。我儿子也有一位认识3年的老朋友叫马克思。我不想生活中只有脸书上的好友，而没有一些真实生活中的好友。当我反观这段时间我所花费的时间和所相处的人时，答案突然变得异常清晰。

我把孩子的友情放在我的友情之上。在我的孩子们还穿着尿布时，就开始参与大多数社交活动。通常是孩子们在旁边玩，我一边喝着茶或咖啡，一边和有趣的陌生人闲聊。孩子拥有比我更加牢固的社交圈。事情怎么会变得这么不正常？

来自加州大学洛杉矶分校的一项研究表明，女性需要朋友来缓解生活中的压力。该项研究还表明女性的朋友关系可以满足婚姻中另一半无法给予的情感需求。科学日报在 2000 年所做的一项研究表明，女性朋友远远比男性朋友更需要通过朋友来减轻压力。当她们面对压力时，会寻求社交关系来排解压力。这种社交方式包括与亲戚或朋友打电话聊天，甚至是简单的问路。

换言之，妈妈需要有女性朋友可以晚上约出去一起玩。

有一点很清楚，我很喜欢带着孩子和其他妈妈以及她们的孩子一起玩。同他们在一起非常开心。我们约在公园或在彼此的公寓见面，一起从秋千、沙池再到滑梯一路追着孩子，有时则一起坐在地上看着孩子们玩玩具。我们一起讨论学前教育、语言矫正师、孩子喜欢和不喜欢吃的食物，以及孩子们的共同点。我们还一起规划夏天的行程——是露营还是自由活动；是室内游泳还是室外游泳。如果恰好碰到来自艾迪学校的家长，我们会一起谈论学校即将举行的重大活动或下一年的教师动向。

在这些谈话中，我获得了许多十分有益的信息和鼓励。我发现对威尔语言矫正起到最大帮助的是另一位妈妈。我们是在参加某个地方举办的活动时被分到一组而认识的。并且我跟艾迪班上一位女孩的妈妈也极有可能发展成真正的朋友。

然而，到目前为止，和妈妈们的交流只停留在谈话层面。任何人——包括我——所拥有的时间都非常有限，再加上大家难免都会有点防备之心，因此，互动仅仅停留在表面。没有更深入的了解，也就不存在发展空间。如果大家只是停留在不断讨论一些事物这种交流方式，难免会觉得无聊，孩子们倒是玩得很好。天色渐暗，傍晚时分，我转身去冰箱取酒时，那一刻我意识到了，我是有多么喜欢这些妈妈们，但是我们却不算是真正的朋友。因为我不会去邀请她们一起喝酒聊天。

她们并不是陪我度过生命中最快乐和最艰难时光的人。我需要花这么多时间与她们在一起吗？我是不是该考虑一下我自己的娱乐活动？于是，我决定尝试下削减孩子的娱乐活动。

以家庭为单位与朋友见面，有时并不是一个很好的方案

下定决心后的第一次约会，我约了我最亲密的大学同学莉比。我与莉比是在圣劳伦斯大学认识的，当时我们一同申请加入一个姐妹会。在第一次非正式的成员聚会时，我有点畏缩不前，而她却非常勇敢，负责为我们的非正式成员之歌编写歌词。

我们之间的友谊在刚开始时发展得比较缓慢，到大三时我们身边朋友大多出国学习，只有我俩待在学校，这时我们之间的友情才有了进一步的发展。我和莉比之间拥有那种生命中极少有的一拍即合的感觉。那时发现，我们毕业后同处于纽约，我们年龄同是 22 周岁，我们同样享受着生命中最快乐的时光，于是我们变得形影不离。

她结婚时，我做她的伴娘。一年后我结婚，她做我的伴娘。十多年了，我们依旧保持着我们的友情。最近她在脸书上面做了一项非常流行的测试叫“谁是你真正的灵魂伴侣”，她写的是我。

当然，生活不可能一成不变，总会发生一些变化。我突然意识到，莉比去年搬到新泽西的新家，至今已一年多了，我却未曾去她新家看看。这有点说不过去。既然我要重新联络友谊，那么就先从莉比开始。

莉比无疑是我认识中最有趣的朋友。她是一位可以与我举杯畅饮的朋友，是一位可以与我彻夜长谈的朋友，是我值得信赖的一位朋友。然而，现在我们都各自有各自的家庭和职责，已经很难回到大学姐妹会那

时彻夜狂欢的时光。我们都忙于投入妈妈这个角色，于是我们决定到她在新泽西的家举行家庭聚会，两家人共进晚餐，让孩子们一起过夜。

那天下午，刚开始一切都非常美好。莉比有两个女儿，都比艾迪大一点，但她们都非常合得来，威尔也很喜欢跟着姐姐在放满玩具的地下室玩。我们大人则慢慢悠悠地喝着啤酒，吃着莉比准备的那些诱人的开胃小菜。

最后，孩子们也坐下来吃晚餐了。莉比做了椰肉裹鸡块、豌豆和卷状通心粉。这一切都非常文雅，与大学那些疯狂的时光大不相同。莉比的老公约翰也来自圣劳伦斯大学，他们认识将近二十年了，我们之间很聊得来，几乎无所不谈，无所顾忌，到目前为止我们还是如此。

当我们大家一起坐着，一边看着孩子们吃东西，一边小口地喝着啤酒时，我内心感到非常的开心。瞧，我们经历了怎样翻天覆地的变化。孩子们确实对我们产生了约束，如果只是我们 4 个大人的话，现在肯定是畅饮一通。

大家会说，你看孩子们 8 点左右就上床睡觉，在这之后你们大人不就有足够的时间做想做的事了吗？但是事情并不像我们所预期的那样。

孩子们看了一会儿电视节目，听了会儿莉比讲故事，就准备睡觉了。令我们大松一口气的是，我们这次带了便携式婴儿床（因为几周前和我家人一起度假时，威尔不适应新床，整晚哭闹，一屋子的人都无法入睡），威尔躺下很快便入睡了。艾迪则非常兴奋，能够在莉比其中一个女儿房间地上的睡袋里睡觉，这对她来说像“大女孩外宿”。

孩子们看上去似乎个个都很满足。安顿完孩子们，我们就开始从喝啤酒转向喝葡萄酒。我们一起烹制晚餐，坐在餐桌前欢声笑语。我真的很喜欢这种成人式聚会，直到孩子们开始围绕在我们身边转。

首先是艾迪。原来她对这种“大女孩外宿”有点紧张。是的，这是可以理解的。我上楼把她带到我和瑞恩睡觉的客房。威尔也在这个房间睡觉。我把她放下，她又呼呼大睡。

哇。真险呀。

一杯酒过后，莉比恰好上楼。她偷偷看了眼艾迪，发现她躺在床边快要掉下来。于是，身为母亲的她出于本能轻轻抬起艾迪，将她移至床中间安全的地方。

莉比可能不知道，在艾迪睡觉时，千万不可以碰她或尝试移动她。更何况是当她睡在陌生床上，由一个不是她妈妈的人去动她。

瑞恩、约翰还有我正在楼下坐着，突然听到从她们所在的起居室传来了尖叫声。当时接近午夜时分，我们本该上床睡觉，但旁边几个空酒瓶，我们正玩着桌游，同时还伴有音乐声和电视声。我们几个大人眼神呆倦，差点睡在沙发上。

我从沙发跳起来冲到楼上。上帝保佑，不要吵醒威尔，不要吵醒威尔，艾迪不要醒来。啊——！不要——！现在，两人都醒了，都叫喊着。真害怕他们这样会吵醒莉比的孩子们，我将他们各自从床上抱起，他们停止了叫喊。每一个父母都知道，这是确保孩子尽快再次入睡的一种快捷而保险的方法，但是现在是玩游戏的时间啊。

这是我们此刻的样子。四个 30 多岁的大学同学徘徊在醉酒边缘不睡，同时还得伺候两个孩子。

我怀中摇着宝宝试图让他入睡，同时腿上躺着三岁的大孩子。接下来的一个小时我们只能尽量顾及孩子。几次尝试哄睡其中一个孩子，却均以失败告终。两个都醒着，于是发出更多的尖叫声，我不得不来回上下楼，心里越发内疚不该让他们睡在不熟悉的房间。我眼里泛着泪光，但是在主人面前还是强忍着不能哭。尽管他们的孩子已经熟睡多时了，他们仍然还醒着陪着我。这一切都很美好，我得控制住。

凌晨3点左右，他们终于又入睡了。在此期间，约翰和瑞恩已在某一时刻睡觉去了。我真正的朋友莉比陪我坚持到底。

我只知道，我最后爬上床不到5秒钟就睡着了，连衣服都没换。莉比的情况我就不知道了。

接着，5点30分威尔醒了，不仅吵醒了他姐姐，还有莉比的两个女儿。恶性循环又开始了。

那天上午，尽管约翰和莉比都已疲惫不堪，还是很好地为我们八个人准备了早餐。我们围桌而坐，手忙脚乱，几乎没有任何眼神接触，因为我们都在哄孩子吃饭。

我和瑞恩还有两个孩子吃完早餐就立马回家了，因为孩子们在星期天还有游泳课。我们去游泳的时候碰见了另一位大学朋友迈克，他就住在附近，他的女儿恰好与威尔报了同一个游泳课。麦克走了后瑞恩告诉我，当时麦克问："珍妮到底怎么了？她看起来整个人迷迷糊糊的。"

确实迷迷糊糊的，简直是筋疲力尽，我在成为幸福妈妈道路上的第一次约会极具挑战性，过了三四天才完全恢复过来。好的一面是，我与莉比、约翰和他们的孩子们一起度过了周末，我去参观了他们可爱的家。但是，在这之后我做了一个决定，以后与朋友聚会再也不带孩子了。

肉毒杆菌与酒两者不可兼顾

正如大家所了解的，有了孩子后生活变得更加忙碌。我一边做着全职工作，同时还要挤出时间制作那些我在幼儿饮食方案中下定决心要优先考虑的健康用餐。然而一天只有24个小时。于是，作为一名实用主义者的我，决定在一次聚会中完成多项任务（但决不带上孩子）。我和朋友克丽丝本来约好一起吃晚饭，恰好那晚又赶上与工作相关的晚会。于是，我在想为什么不把克丽丝也带去晚会？

这是我最终两者兼顾的办法。

如果说莉比是一个可以多喝几杯的朋友，那么克丽丝是我的理智之友。她们是我肩上的天使与魔鬼。克丽丝和我也是在大学认识的，也同属于一个姐妹会。大二那年秋天，我们俩决定加入卡帕伽马姐妹会，但是我俩都不认识姐妹会的人（克丽丝和我一样，心里都感到有点局促不安）。在第一次非正式成员聚会那一天，我走到她的宿舍，敲门约她一起去。她说好。

我们在联谊会一起度过了 5 个学期。大学毕业后，在一个夏天我搬到科德角，那时我还没从事现在的工作，没进入这个“真实的世界”，当时和我一起住的正是克丽丝。整个夏天我们都在沙滩度过，每天晚上一起在酒吧当服务生。我觉得，就是在那个夏天，我们之间的友谊得到巩固，从此变得非常亲密。我们俩经常谈心。很多时候，我会借她的肩膀哭泣，她也会借我的肩膀哭泣。

许多美容专家或美容公司为了建立人际关系或介绍即将在媒体发布的新产品，通常会邀请作者和编辑参加他们所举行的鸡尾酒晚会，我经常收到此类活动的邀请，但是很少参加。

这些活动虽不令人讨厌，但我真的不太喜欢参加。第一，我讨厌闲聊；第二，这些活动都是下班后举行的，而下班后我只想回家；第三，这占据了我的家庭时间。很多编辑都很喜欢这类活动，但我从来都不喜欢。

但是这一次活动正好在市中心举行，离我和克丽丝约好吃饭的饭店很近。活动在傍晚 5 点 30 分前就开始了。我当时计划着，如果从一开始就参加，那么可以待上一小时，7 点去吃晚饭，9 点就可以到家，9 点半就可以上床睡觉了。

克丽丝和我不是同行，而这次活动又只邀请媒体成员参加，于是我让她假扮成美容记者混进去。她不太善于撒谎。虽然这说是个好品质，但不太适合此种情景。

在举办活动的温泉场地四周有免费提供的酒水（自助形式），我们来回走着，观看着屏幕上展示的各种脱毛和填充物美容产品。我们被领进灯光幽暗的房间，观看一个女性朋友如何去除腹部的脂肪，当然这需要借助酒精作用才敢看下去。

排队注射肉毒杆菌的队伍很长。我很好奇，晚会上怎么会有这么多女性朋友愿意让人用针往脸上注射那些她们从未注射过的东西。

一位身穿白色外套、手持记录本的女人向我走来问道："亲爱的，想试点什么产品吗？玻尿酸还是肉毒杆菌？"

我说："哦，我还没想好，不试了。"

她说："不试吗？这可是美容产品的晚会。注射点肉毒杆菌怎么样？在额头上注射点怎么样？"

说得没错。我认识的一位专家也认为我的额头确实可以注射点肉毒杆菌。我额头上有些糟糕的抬头纹，多年前我就意识到了。此时，我下意识地看了看周围其他差不多与我同龄人的额头，观察她们的抬头纹情况。我彻底输了，我的抬头纹最严重。

我曾经留过刘海遮挡前额，但是我脸小，而我头发又厚重，所以看起来像一个巨大毛团。我花了许多时间逛化妆品店，试图寻求一款打底的彩妆产品能锁住抹在皮肤表面的底霜，抚平额头上面的皱纹，但是效果反而更糟糕。

我想，这位女士无意中发现了我的痛处。

于是，三杯酒下肚后，我签了同意书，填写了病史，并坐到椅子上，一个自称有护理从业资格的女人开始观察我的脸部。我被固定好后，眼角余光看到她走过去，使用针筒抽取某种神秘物质（准备注射到我脸上），并摆出专业医疗人士的姿势让活动摄影师拍照。

客气地说，这根本没给我增加什么信心。当时我没敢多想，忍着继续做下去（心里害怕得想撤退）。整个注射过程大约 5 分钟，没有任何疼痛感。注射完后，那护士向我强调至少 5 个小时不要平躺。我本打算 9 点 30 分上床睡个好觉的计划就这样泡汤了。

问题是，做完这些疯狂的事情后，好多原本计划中的事，比如和克丽丝逛街都没法兑现了。她很不错，不用迫于这种来自同僚的压力，当然她额头也不像我有需要解决的皱纹。我离开去打注射剂时，她就坐在沙发那里结识新朋友。我意识到，很难做到边工作（哪怕只是技术层面的工作）边照顾到朋友。或许这种兼顾多重任务的想法并不是个好主意。完事后，我向她走过去，立马发现我刚离开她就露馅了，人家拆穿了我们小小的谎言。遭到主人的斜眼，但是没事的，反正我们很快就要离开了。

哦，对了，还有关于我肉毒杆菌的事。我不得不承认，效果真的非常好。额头纹都消失了，虽然效果只是短暂的。在脸部注射肉毒杆菌后，我似乎没有出现任何后续的副作用，睡觉也不成问题，那晚我没躺在床上睡觉，而是将扶手椅调整成舒服的床坐着睡。无论如何都得睡觉。

没有孩子，就没有问题

到目前为止，每次朋友聚会我都尝试着同时完成带孩子玩耍或工作的任务，但没有一次成功。我在想，是时候该纯粹地与闺蜜们约会了，就像孩子们去跟他们的小伙伴一起玩一样，途中没有其他行程和职责干扰。

有了这个想法后，我和瑞恩订了前往肯塔基州的机票。多年来，我们的好朋友贝卡和尼尔一直邀请我们去参加德比赛马活动。他们是来自肯塔基州的，德比赛马活动是肯塔基州的一大特色。与莉比见面那次我获得了一顶华丽的帽子。（虽然那晚留宿状况百出，但是还是带来了些美好的东西。）我买了新衣服和鞋子，吹了头发，甚至还花重金把头发染成棕黄色。把这一切都做好后，在去参加德比赛马活动的前两天，我们将孩子送去我父母家，准备那天一大早出发前往机场。整个周末没有孩子，没有工作，不用分心，这一切再完美不过。

直到我们计划出发的前一晚，我去裁缝店取我那顶最重要的德比帽子。帽子其中一根梳毛有点松动，所以一周前我就早早地将帽子送去修。当我去店里取帽子时，裁缝店却已关门。我看了下手机，是下午 6 点 57 分，而店里指示牌写着 7 点停止营业。第二天我们就得坐飞机走了。

这事简直让我抓狂。怎么会这样。商家自己设定的时间都不遵守，那还设什么营业时间。还把营业时间写在橱窗干什么？那晚我很愤怒，但是参加德比赛马活动不能不戴这顶帽子。

于是，第二天早上，我和瑞恩制定了非常复杂的计划，让他黎明前就去店门前露宿，店门一开就进去取帽子，再快速打车赶到拉瓜迪亚机场，这时距离我们早上搭的航班只有几分钟时间。幸好我的好老公能够理解德比帽对于我的重要性，帮我化解了这一危机。

我们坐飞机前往肯塔基州列克星敦市，与我们的朋友贝卡和尼尔去一家非常有名的风味三明治店共进午餐。乘车的路上，景色壮丽，绵延数英里的马场和草地一望无际，与我们刚离开的纽约市有着天壤之别。

老实说，三明治有点名不副实（对不起，贝卡和尼尔），但是这家店的环境可以弥补这个不足。在肯塔基州西部，明媚温暖的 5 月天，我们

4 人坐在室外野餐桌，喝着啤酒吃着东西，彼此诉说着分别后的生活和孩子们的事情，欢声笑语地谈论着我们共同的朋友，接着回到车里前往位于肯塔基州著名波旁小道的一家波旁酿酒厂，贝卡和尼尔在那里安排了私人品尝活动——他们的朋友是四玫瑰酿酒厂首席波旁品尝师（这可是一份真实的职业）。这正是我所希望的与朋友一起过周末的情景。我们将所有注意力都放在彼此身上，欢声笑语，真正地接触。

瑞恩是贝卡和尼尔婚礼上的伴郎，我们都是亲密的老友了。我们 4 人在酿酒厂待了三小时，品尝了不同品种的酒，聊着天，一起追忆往昔。我们逛了逛酿酒厂，学习了些有关波旁酒酿制过程的知识，这一切都非常轻松悠闲，也无须着急去赶场。整个下午即使在如今追忆起来都没有一点令人遗憾的地方。

我想第二天定会有更多同样美好的时光。清晨一大早起床，贝卡帮我将这巨型帽子固定在头上。贝卡和尼尔的这位朋友不能去参加德比活动，无法再为我们慷慨地提供他们的住处。他们要和孩子们前往游乐园游玩，不过给我们留了一大罐最好的血腥玛丽葡萄酒，这可是我一生中喝过最好喝的血腥玛丽。这真是一天中令人惊喜的开始。

我和瑞恩去参加德比赛马活动，没有另外安排会见朋友和赌马行程。但是，有时你会身陷入别人的行程而不自知。

如果你是资深能源顾问（尼尔）或参议院多数党领袖麦康奈尔，活动毫无疑问会选在资深能源顾问和参议院多数党领袖麦康奈尔所在州举办，大家必然想得到你更多的关注。在持续一天的活动中，我们总共坐下休息不超过 4 次，每次不超过 10 分钟。食物几乎没碰。几乎没有与贝卡和尼尔独处的时间。活动期间，你得不断来回走动，与某人交谈，与某人打招呼，比赛看得费心劳神。这是有趣的一天，是我所珍藏的回忆。很高兴能够在活动前一天与我们的朋友叙叙旧，不然德比活动当天肯定没有时间让我们去追忆我们的大学时光。这让人联想到与克丽丝的肉毒杆菌之约，只是这一次是尼尔有公事在身，而我们是消磨时间的人。

我突然想到，与我最喜欢的朋友的约会方式不是非得参加某种喜欢的活动或是整个周末一起过，而是没有工作、没有义务性的项目。随着年龄的增长，那种纯粹的无工作义务的时间可谓少之又少。

向妈妈约会敞开拥抱——过我的生活

实验开始后的三段约会经历，让我开始去思考：约会到底是什么？我想摆脱哪些约会？我想从中留下些什么？

想到这里，我又再次与凯伦相约见面。我选择在比较轻松的周二晚上一起吃晚饭。我们约在 6 点见面，一起聊了聊有关她孩子注册的事情，以及她即将迎来的护校毕业典礼。8 点我回到家，这是一个很平常的约会。

简单地说就是，抽出时间见见我们的朋友，也让他们见见我们，了解了解他们的情况。这本身就让人感觉很好。不管是有计划的约会、抽时间的约会，还是消磨时间的约会——无论是照顾孩子到凌晨 3 点，还是因需要去接触政要人物，这一切的努力都只是想去维持彼此之间的友谊，确保在你碰到麻烦时，这些朋友能够站在你身边陪伴着你。

坦白地说，我并没有减少孩子与同龄人约会玩耍的时间。事实上，我竟然为艾迪学前教育班的妈妈们举办了两场“妈妈之夜”。瑞恩觉得我疯了，但是，在我出席学校活动时就已经感到类似在儿童贝多芬音乐课上所感受到的那种氛围，感觉除了我之外每个人都是老朋友。

学校里的妈妈们对我只是保持友好。显然，许多妈妈们都已成了亲密好友。其中有一位妈妈，就是我前面提到的那个艾迪班里与我很合得来的妈妈，她什么都会想到我，有什么活动总是邀请我一起。她用心记下了我在家工作的那段时间，经常提前邀请我加入她与其他妈妈和孩子们所计划的活动。我有时参加，有时不参加，但是她给我留下非常亲切的感觉。同时，她还是一个完全正常的妈妈。我怎么会不想和她做朋友？我当然想和她做朋友。

我突然发现，我的好友们都住在离我几英里内的地方，住得离我远的朋友我也可以很方便地坐飞机去拜访他们，这是件很幸运的事。据报道，许多妈妈与她们的好友和家人地理位置相距较远，许多女性在她们的生活中感到孤独，而此时“妈妈朋友”这种新关系便成了救生索。

千禧妈妈（1982 年～2004 年出生的人）特别容易感到孤独，尽管她们身边拥有大量我们这代妈妈所不具备的技术产品。家庭研究机构所做的一项研究告诉我们以下内容。

“技术隔离加剧，美国家庭的分裂……生活在这样一个令人兴奋而又紧张的新城市中的千禧女性，她们享受着这城市带来的这些灵活而有趣的职业机会，同时也为此付出了代价——在距离自己的母亲、祖母、姐妹和姨妈千里之外的地方自己独自照看孩子，无法得到任何帮助和支持。同样，一位精通技术的年轻母亲通过 Skype 会议创业，这主要得益于自己妈妈的帮忙。此外，雇用一位好保姆每小时 20 美元，托儿中心每月费用 2000 美元。有些千禧妈妈无法获得来自家人的帮助或支持，她们会想方设法在午睡时间找点工作来养自己的孩子，这在人类史中可是少有的先例。”

我突然意识到，我是多么的幸运。我的家人和朋友都住在附近。我决不会“放弃聚会”，因为我没有其他任何社交出口。

我决定向“妈妈朋友”敞开心扉，看看结果会怎样。

有一位名字叫莎拉的妈妈就住在我附近。我意识到，我们常常以不同寻常的方式见面。有一次，我想寻找一位妈妈点评一下我所写的那篇有关举办高级或特别的生日派对的文章。我将问卷发布到脸书上受人欢迎的妈妈群，接着我的收件箱就涌进了大量有关晚会策划人、专业摄影师，以及经典曼哈顿式晚会的邮件。

其中一封来信吸引了我。那是莎拉写的，她说她有个朋友在为女儿举办生日晚会时，要求所有来宾们不带任何礼物，而是为专门研究莎拉儿子所患疾病的医学研究机构捐款。

看到这封电子邮件，我很想见见住在我家附近的这位拥有同样特殊需求孩子的妈妈。莎拉的儿子艾略特比威尔大一岁，尽管这俩孩子的特殊情况不同，但是莎拉那封真诚感谢她友人善行的邮件，让我想更加深入地了解她。

我去见了她。我没有问她想不想去喝咖啡，而是问她是否愿意让艾略特和威尔一起玩，她答应了。

我们约在公园见面。我告诉她我推着什么样的婴儿车方便她认出我。

第一次“约会”很谨慎，但是相当成功。她非常可爱。因此，我们决定再次见面，这次约在我家里见面。

几个月来，我们经常约会见面，一起推着婴儿车散步。有一天，我们决定单独约出去吃晚饭。

现在我和莎拉关系非常好。她不知道，她在很多方面给了我很大的帮助。她为人大方、体贴和优雅，给我很大的鼓舞。从表面上看，我俩没有多少共同点：我们宗教背景不同，她是全职妈妈我是在职妈妈，我俩也没有共同的朋友。

但是，莎拉就在我需要她的那一刻走进了我的生活，在我还没意识到的时候。那时我刚刚踏入养育特殊需求孩子之旅的一个新阶段——那时我需要考虑延长威尔的治疗疗程，正在为他安排为期两年的疗程而感到挣扎。莎拉一直在引导着我，听我发泄不满，向我介绍那些我需要认识的人，让我能够正确地处理威尔的这些事。

在共同去面对所有这些沉重的事情期间，我们变得密不可分。我们会对我们生活中邻居们的荒谬事情而开玩笑。我们一起聊我们的丈夫。我们之间变得无话不说。不见面时，我们会通过短信沟通，了解彼此的孩子们最近在做什么。

换句话说：我们成了朋友。

我不知道，我能够给莎拉带来什么，但是我非常幸运在我的生命中遇见了她。如果我一直严格恪守“不交妈妈朋友”这一想法，倾向于将此看作生活之外的东西，那么我一定会错过重要的人。她们所提供的一些重要建议对于我儿子来说使他受益匪浅。

就是这么一回事：尽所能成为最好的自己，同时尽可能成为最好的父母。对于妈妈，两者均得兼顾。

安排过两个妈妈一起约会共进晚餐吗？事实证明，这种约会是我觉得我做过最棒的事情，不会像在学校里那样受人非议。第一次，我正好坐在一位非常有趣的妈妈旁边，我们每人大约喝了 4 杯玛格丽塔，很快就成了朋友。后来，瑞恩和她丈夫见面了，他们也成了朋友。我们俩的女儿也相处得很好。

另外一次，我对面坐着另一个妈妈，她说她女儿很喜欢艾迪，于是我们一起玩，之后一直保持联系，现在经常聚，或经常带彼此的女儿聚会。还有另外两个，其中一个是我搬过去某个地方而认识的，她家孩子年龄与威尔相仿，决定报名我告诉她的托儿所，现在不管在托儿所内还是托儿所外，我们都经常在一起玩。

至于冰箱里的葡萄酒？我意识到，世界上有各种各样的葡萄酒，正如我们心中对各种各样的朋友的爱一样，一旦打开，无所反顾。

第 7 章

将孩子留在家里：偶尔放下孩子去度假

比起没生孩子之前那些奇特的旅行来说，现在我们的旅行较短暂，离家较近，但同样能实现那时的目的：换一换风景、独处时间、成年人对话和放松身心。此外，当你度假时，人家好心地来免费帮你看孩子，只要你回家时人家还在等着就行，你不能要求太多。

在有孩子之前，我和丈夫都是爱冒险的旅行者。我们去巴厘岛度蜜月；花 10 天时间远足泰国；长周末则到法国、意大利和威士拿滑雪；沿加利福尼亚海岸一周自驾游；旅行至距马达加斯加 500 英里的美丽而遥远的毛里求斯；沿着缅因州到佛罗里达州各州旅行。我曾在旅行网站 Travelocity 工作了几年，内部人员在假期拥有惊人优惠，这是在那里工作很棒的地方。实际上，最棒的是在工作中可以去世界各地旅行。

这份工作我做得非常棒。

但是，如果你询问有关我和瑞恩自艾迪出生以来的旅行，你会获得更加温和的版本。

在艾迪出生之前，我们对天发誓说，永远也不会变成那些带孩子旅行叫苦连天的父母。我们热烈地讨论孩子们在旅行中会学到的东西：让他们游历各国，感受世界化和国际化。

我们实现了当初所说的话，艾迪很小就开始旅行：在她5个月大时，开启了科罗拉多滑雪之旅；在她8个月大时，我们前往托斯卡纳别墅度假一星期，我们用背袋将艾迪背在胸前，参观酿酒厂。每晚我们吃晚餐时，她静静地坐着，途中所遇的那些可爱的意大利人都非常喜欢她。每晚将她放在床上睡觉后，我们便坐在露台饮酒，庆祝自己没有沦为"那些父母"。

有一段时间，艾迪非常听话，在她出生后的春天和夏天我们前往外滩群岛和希尔顿黑德岛进行一年一度的大家庭旅行，她在途中表现得非常好。

接着，艾迪开始学会走路。

她不再是那个温顺又配合的小女孩，根本无法在飞机上静静地坐5～7个小时。即使是前往萨凡纳的2个小时行程或前往佛罗里达州的3小时行程，都让令人受不了。威尔出生前与她最后一次出国飞加勒比地区，那简直就是一场灾难。4个小时的飞行，下飞机后再换渡轮才能到达酒店，我全程拽着艾迪，她一路尖叫，从此我不愿再带婴儿坐飞机了。

大约两年后，我基本遵守承诺：全家每年飞往佛罗里达两次，飞往希尔顿黑德岛一次。现在，我们经常会开车度假，我们刚刚从第一次露营旅行回来，这次露营是艾迪要求的，她想在学前班第一学年结束时来一次露营旅行。

这次露营旅行引发了我的深思。三年前的我是不会将珍贵的时间花费在这件事上的。但是，当我发现艾迪想要去露营，我便开始查询和研究各个地方，针对每个地方列出大量"装备"，与瑞恩来往大约50封电子邮件谈论各个地方的利弊。

一旦我们到了那里，燃起篝火、钓鱼和开一辆防火旅行车——所有的东西旨在让艾迪和威尔能够快乐玩耍。

我想起几个月前我们去迪士尼旅行。由于我的工作需要，我每年至少一次前往奥兰多（ABC 新闻公司是迪士尼旗下公司，我通常会为迪士尼公园拍摄最新短片）出席工作会议，之前我都是一个人前往，不带任何家属。

这一次艾迪、威尔和瑞恩跟我一起，我把工作处理完，接下来几天陪他们玩。我们在魔法王国度过了几天，艾迪在缤纷变幻沙龙来了个大变身，我们还会见“公主”，吃着主题乐园的食物，乘坐游轮以最佳视野观看烟花。这是我所能想象到的最好的一次迪士尼之旅。

但当我回家时，我终于明白了为什么父母说他们需要从度假中休假。

不是说，我介意与孩子一起旅行，毕竟我们是一家人，但我突然想到，这些事成了我现在生活的主要焦点之一，而我自己的爱好却已经成为过去。想一想，这似乎太不公平。我和瑞恩日复一日花费无数小时忙于孩子健康方面的事情或处理账单、理疗和预约医生等事情。有谁真的想带孩子度假吗？孩子们童年的每一天不都是在度假吗？是时候将我的座右铭“在养育孩子中将自己放在首位”引入到生活中的其他方面了：我需要一个假期，一个没有孩子的假期。

不带孩子的假期之美

虽然，我所提出的很多成为快乐妈妈的准则都毫无争议，但这一条在现实中不太受欢迎。从美国教育部引用的一篇研究显示，旅行越多的孩子，学习成绩越好，在生活中也会比那些不旅行的同龄人会赚钱。你可以想象到，旅游业、酒店、游轮公司、度假别墅，以及你所想到的各个行业，是如何利用这项研究获利的。现在，我似乎找不到任何相关的实际研究记录，但是这篇报道被多次引用，让你无从去怀疑其数据分析是否具有真实性。然而，根据判断，有可能是没有媒体鉴别能力的父母们在某个博客所看到的内容，并信以为真。

出于某种原因，这项研究激怒了我。

不是说我怀疑其准确性，但毕竟不是所有父母都有财力去旅行，这就和不是所有父母都有财力去请课后辅导老师一样。如果你不想在夏天拖着孩子去欧洲旅行，而只是想带他们到城里的游泳池玩一玩，现在看了这研究你是不是会感到很内疚？

我对自己说，适可而止。不要再去想这个无法得到证实的研究，我觉得我的孩子现在非常好，非常感谢上苍。我还是会与孩子们一起旅行，但是，如果我和瑞恩能够将孩子留在我们亲切而慷慨的父母那里，让我们能够有几天单独到处走走，这将让我们获益匪浅。

我们第一次周末单独旅行是前往新奥尔良。上午 10 点下飞机，前往酒店。我们在蒙特莱昂酒店订的房间还没有准备好。他们说，还有一间空房，平常没有人会订，因为该房间位于酒店大楼的中间，没有窗口。这听上去有点不可思议。但是，我们都非常渴望开始这一天，这是一座以美食著称的城市，我们迫不及待想去预约午餐，不可能花几个小时再去找别的住宿。于是，我们说，就这个房间吧。

作为一个在生活中经常旅行的人为大家提供一个建议：如果你是一位父母，疲惫不堪，有机会离开孩子休息一个周末，睡在一个无窗的房间，那么你不要去放过这个机会。每家酒店网站应该将“无窗房间”列为舒适的房间，足够幸运的人才能拥有一间这么神奇的房间。即使需要额外支付费用，你也应该订下这间房间。如果你不经常旅行，那么可以考虑在家里弄一间无窗房间。

因为，自从有孩子后，我从来没有像那个周末在新奥尔良的无窗房间那样睡得那么好。

在波旁街酒吧待 10 小时，通常会出现头痛和口渴，对我当晚的睡眠肯定会造成极大困扰，可是并没有。第二天早上醒来不知道几点（差不多早上 10 点，即使是在没带孩子的假期里也是闻所未闻的事），简直是满血复活，准备好开启在诺拉一天的观光。

如果你不采纳本书中其他建议，那么请记住这个建议：选择无窗房间。

那次旅行非常顺利，不久之后我们决定去冰岛度过一个漫长的周末。这听起来很特别，但实际上从纽约坐飞机前往雷克雅维克只需 4 小时行程，完全可以度过一个漫长的周末。

旅行之前，我生病了。情况非常糟糕，于是我们考虑取消旅行，可是考虑到这是送给瑞恩的圣诞礼物，价格非常便宜不能退订，我不想损失钱，瑞恩父母也过来帮忙照看孩子，于是我们就去了。

旅行的第一天，我只能躺在床上醒醒睡睡。身在冰岛却躲在酒店房间（这次是有窗户的房间，唉）有点奇怪。第二天，我感觉好多了，开始探索这个城市，租了辆车出城。

每天必做的一件事是与孩子们视频。视频时，他们总是半裸着。我们公寓的灯光超级暗。不清楚他们是否吃饭了，他们一直在谈论零食。但是，与他们崇拜的祖父母在一起时，孩子们似乎真的非常高兴。

但是，我是一个控制狂，我感到有点不安。我想：“他们为什么不穿我为他们挑选的衣服？灯光为什么这么暗？”我开始担心衣服、灯光，以及吃太多零食的事。这时瑞恩丢给我一句宝贵的话，那是我曾经说过的有关别人照看孩子的话。

“当你度假时，人家好心地来免费帮你看孩子，只要你回家时人家还在等着就行，你不能要求太多。”

真的！毕竟，瑞恩父母、我父母和我兄弟他们都是深爱孩子的人。

如果你想离开孩子们好好休息一下，那么你必须放手。换句话说，期望他人遵守你定的规则与规范是件非常不公平的事。毕竟，我们要离开，如果想要一切都按自己的方式进行，那么应该留在家里别出去了。

在尝到了有孩子之前的那种生活后，以后与瑞恩二个人在一个周末去这里或那里玩，都没有再次发生担忧孩子状况的事。

在我过生日时我们前往洛杉矶，碰见了多年未见的大学老友。我们一起喝酒，聊以往的日子和大学同学的事，几个小时过后，她带我们去她最喜欢的墨西哥卷饼摊，帮我们用 APP 叫车回酒店。我们恰好在酒吧碰见了 Bravo 有线电视台正在拍摄真人秀节目《范德普规则》，我们与当晚的工作人员一起敬酒。孩子们留在纽约与我父母住两个晚上。我觉得，孩子们与祖父母们一起总比待在佛利山庄的酒吧来得更有趣。

另一个周末，我们开车去科德角，瑞恩父母住在那里，我们将孩子放下，前往几英里外的度假村过周末。那是我们的结婚周年纪念，我们是在科德角订婚的。

整个周末都在下雨。这是所发生的再好不过的事情。大雨倾盆而下，我们悠闲地到处闲逛，特别是在如此熟悉的地方。我们基本上就在度假村吃饭，电影看了一部又一部。当我们周日去接孩子时，我们感觉非常放松。

大多数旅行都是作为礼物规划的：冰岛是圣诞礼物；洛杉矶是我的生日礼物；科德角是我们结婚周年纪念日的礼物。虽然，比起没生孩子之前那些奇特的旅行来说，这些旅行较短暂，离家较近，但同样能实现相同的目的：换一换风景，独处时间，成年人对话，以及放松身心。此外，我们都喜欢旅行，这是一个机会，让我们能够一起分享旅行中最令人兴奋的事情。

我们决定下一次度假去更远的地方，或许去一个星期。我们可以将孩子轮流放在我父母和他父母那里照看。我想去尼加拉瓜，他想去斐济。当然，我也想去斐济，但是有点远，比我想象中的尼加拉瓜沙滩小屋贵很多。在我们谈论着这些假期安排的优缺点时，时间悄悄溜走，突然间，我们没有时间去旅行了。我怀上了第三个宝宝。

在2012年，一位名为丽贝卡·爱柯勒的女人在Mommyish网站（一个儿童养育方式新闻网）写了一篇博文，详细道出有关她与未婚夫度假时将10周大的宝宝放在祖母和保姆家照看的决定。爱柯勒是多本书的作者，其中有一本书叫《一夜大肚》（Knocked Up），写了一个时髦妈妈的自白，还有一个妈妈博客。她发表的有关将宝宝留在家中的故事迅速传开，毫无疑问她成了一名专家。

她只是将儿子留下去度假。但事后早间节目、博客文章，以及随后的评论和诋毁却夸张到像是把孩子放在路边，让他在马路上玩。

有些人甚至说她不该生孩子。太极端了。该由谁来裁判什么年龄可以离开孩子单独旅行一段时间呢？

她的博文中说："在宝宝这个年龄离开他，我是不是有点自私呢？嗯，绝对是自私。我完全承认。我是不是非常幸运能够获得家人、朋友这么多的帮忙？嗯，绝对是幸运。我会想念他吗？嗯，绝对会想。但是，我可以享受我的假期吗？嗯，绝对可以。"

有些人会猜测，根本没有爱柯勒这个人，这是在育儿博客中引起争议的一个虚拟人物。因为，肯定没有人会离开10周大的婴儿去度假，是吧？

我只是想说，我可能不会带上艾迪，但是我会带上威尔。而且即使有人愿意帮我照看三个孩子，我还是会带上第三个宝宝。

实际是，我们在万圣节周末结束了迪士尼之旅。当然，迪士尼之旅是带着孩子们一起。在整个长周末里，我们飞往奥兰多，开车到卡纳维拉尔港，并且坐船至巴哈马。不要误会，迪士尼游轮非常棒，我经常向其他家庭强烈推荐。但是，真实情况不是你所想象的那样，你坐在海滩上啜饮着鸡尾酒，孩子们在旁边尽情地玩耍。

根据不带孩子度假的体验来看，我非常确定，就算人们说我是一位坏妈妈，我也不想放弃这一爱好。那句话说得对：对不起，但我不后悔。然而，我真正想了解的是，我们的孩子是否在乎我们一起度过的家庭假期。我们现实中面对的计划、费用和压力，这都是为了什么？父母说："这都是为了孩子们。"但家庭度假真的让孩子们感到开心吗？

幸运的是，孩子们给出的答案是肯定。哈瑞斯互动民调机构所做的一项针对 1 000 多名 8~18 岁孩子的度假调查发现，超过一半孩子觉得度假使他们家庭成员更加亲密，他们最好的那些回忆均来自家庭度假。

这就可以解释，为什么家庭度假几个月过后，艾迪仍然开心地谈论着"迪士尼之旅"。为什么艾迪在画我们家时，经常会描绘我们在希尔顿黑德岛或外滩群岛的场景。

我一直相信，度假会让人们更加快乐。度假确实也让我更加快乐。除非有些度假旅行让我感到比出发前更加疲惫，如果是这样的话，它就完全带给不了我什么快乐。相反，我会更加恼火，我在这上面付出了时间、精力和金钱，最终却自己找罪受。

美国人一般不太擅长度假，或者至少不善于利用他们的假期。世界上最大的旅游预订网站亿客行网站在 2015 年针对全球 26 个国家 9 000 多名旅客做了一项调查，92%的受访美国人说他们只有在度假后才感到快乐。那么，为什么美国人每年要白白浪费三分之一个假期呢？

研究结果还表示，美国人每年平均有 15 天假期可用，实际上只用 11 天。

问题在于，在度假时我们不能完全与世隔绝。这件事不能责怪孩子们。我们自己也有这个问题。曾经，在我早期环球旅行的时候，我真的不知道在外国怎么用手机，只能将手机丢一旁。现在，我手机用得很好，但我旅行更多是国内而更少是国际，并随身携带手机。并不只是我这样，全世界 25% 工作人员声称，在度假时他们每天都会检查工作电子邮件和电话消息。

我自己度假时也会做点公事。在迪士尼旅游时，为了充分利用我的出行时间，我同迪士尼一起拍摄了关于翻新轮船的视频，接着为 ABC 新闻网撰写一篇故事。这些似乎都是该做的事情，即使我当时正在休假（技术层面的“休假”）。

亿客行公司副总裁兼总经理约翰·墨瑞说：“我们还发现，欧洲人对度假的态度与北美人和亚洲人截然不同。一些人认为度假是一种权利，而另一些人对度假有种负罪感，他们担心老板不会批准。工作与生活取得良好的平衡至关重要，这不仅给工作人员提供一个享受他们办公室以外的生活，同时让他们得到充电，更有效率地工作。”

这就是视频背后的意义。如果我回来后发现我在度假时也工作了，会减少休假的罪恶感。

记住，你的假期和大多数人一样，都是你工作薪酬的一部分。实质上，不休假就像不领薪酬一样。很多情况下，不休假不是你雇主的错，而是你的错。如果你选择在休假时工作，也不会再得到更多的薪水。

我不会假装我有多么不幸运。你可能会认为，在新闻网站工作，休假很不方便。如果我是一名政治新闻记者，在选举前一个星期休假，可想而知是个大问题。然而，我不是。我是一名生活方面的记者，主要报道的是生活主题以及旅行。在我的整个就业期间，我从来没有因休假、病假或事假而感到一点点悲伤。

但是，我还是会与同事和老板保持联系，拍摄视频，进行访谈，以及撰写故事。是我把自己的作用想得太重要了吗？或是我发现自己不重要的话，我就会没有安全感？

你知道谁没有带薪假期吗？我的孩子们。事实上，孩子们的学费已经是一大笔开销，每次带他们一起旅行时，都是在亏钱。但这并没能阻止我帮他们请假带他们出去度假，尽管这属于无故缺课。我想象着，随着孩子们慢慢长大，缺课可能会对他们产生实际后果，但是步入工作后，就不存在缺席带来后果这一说法，你有权去享受你的日子。

至于孩子们，他们可能更无法理解，为什么父母会这样做，破坏学校规章制度让他们无故请假，但是在与家人旅行时，他们还是可以将去学校上课放置一旁。

我在想，我们可以从度假中的孩子那里学习到一点东西。孩子眼里充满惊奇与冰淇淋，他们可以几小时随心所欲地玩耍。

我们该将什么抛置在家呢？对我们来说，是工作和压力。对孩子来说，是学业。我们一遍遍地问他们："玩得开心吗？"然而，我们却很少扪心自问："我们玩得开心吗？"

进一步反思，父母是否开心至少跟孩子们是否玩得开心同样重要。我认识的每个家长在计划度假时都会优先考虑孩子。度假村拥有什么儿童活动？孩子们会喜欢那里的食物吗？在那里有没有其他孩子一起玩？

当然，这种考虑也会延伸至你与生活中任何人、任何你爱的人的旅行。对吗？如果说，你要与年长的祖父母一起去度假，你会考虑游泳池是否有无障碍通道。如果你丈夫是高尔夫球迷，你可能会倾向于选择一个带有高尔夫球场的度假村。

对于孩子们，我们可能会考虑得更多。我认识的几个父母会在旅行时携带遮光窗帘，因为目的地的日出比家里较早，会影响孩子睡眠。

妈妈在家庭度假时会为自己考虑什么？据我所知，妈妈很少为自己考虑。妈妈通常是整理沙滩包，给大家抹防晒霜，在附近游泳池或其他玩耍的地方充当救生员，计划每一餐，以及执行每一项活动。

在我们最近一次大家庭海滩度假的第一天，我跑到附近的克罗格置办孩子们的食物，确保大家庭其他成员一天的必需品（因为我们家是最先到达的）。当我在那里时，我看到我所喜爱的作家尼尔森·德米尔出的一本新书。在我还没生孩子前，我经常会在海滩上阅读德米尔的书。我会带着椅子和书向海滩走去，静静地在那里坐着读几个小时的书，时不时地和出现在那里的人聊天。

我决定购买这本书，毕竟我要去希尔顿黑德岛两个星期。如果我有时间的话，可以花半天读这本书。当然，两个星期肯定有足够时间读这本书。

那天晚上，我读了一页半，之后再也没有拿起这本书。在旅行结束时，我让我妈妈带回她家了。

我承认："我不会去读了。"

在这次特别的旅行中，威尔当时还未满两岁，他喜欢水。游泳池、海滩——这些都很好。当然，游泳池不大，附有围栏，这保护了他的安全。于是，我们开始每天下午都在那里。

两岁的男孩还不懂害怕。这意味着，他们的母亲（在这种情况下是我）要时刻担心他们的安全。一般小孩都会对水有一点恐惧，但威尔没有。我不得不拿着游泳圈——这个能让威尔在掉进游戏池时漂在水上的东西。他很快就自己扑通跳进泳池里。

所以，有一天，我厌倦了，不想每天在游泳池边提心吊胆。我的堂亲凯特琳，也是每年大家庭旅行 20 人大军中的一员，她恰好是我们的大学校友，也是我的一位好朋友，她提出陪我坐两小时的车程去查尔斯顿，那里不仅有一个很棒的儿童博物馆，还有美味的三明治，值得去一趟。

当你愿意花 4 个小时与两个 4 岁以下孩子坐车，而不是待在海滩或游泳池，那么度假带给你的压力已经达到新的高度，但我们将要这么做。

在度假中照顾孩子比在家还忙。事实上，当他们到了新的环境，会出现睡眠时间脱节，以冰淇淋为餐，跑去商店买糖果，这时候你比在家照顾孩子更忙。

父母和孩子们经常共享一个房间，这绝对是大家庭度假中我最不喜欢的一部分。

所有这些因素可以解释为什么妈妈“需要从度假中休假”。研究表明，简单的度假计划可能会带来快乐，而不是度假本身带来快乐。这篇文章发表于《生活质量研究》杂志，其目的是研究假期和幸福之间的关系。该研究主要调查度假者与不度假者是否在幸福方面存在不同，以及假期旅行是否能够提高旅行后的幸福感。针对 1 530 名荷兰人进行度假前后的试题测试，其中 974 名度假者回答了有关他们在度假之前和之后的幸福程度。据报告，度假者旅行前幸福程度比起非度假者更高，这可能来自于他们对假期的期待。但只有非常轻松的假期旅行才能提高度假者度假后的幸福程度。一般来说，度假前后没有什么区别。换句话说，考虑和策划旅行比旅行本身对幸福带来更大的影响。

我得承认，现在会有时与孩子们一起去度假，有时不带他们一起度假。或许这样让人觉得我是个坏妈妈。实话实说，我从来都不想放弃那种可以真正放松的假期，也即那种不带孩子的假期。

是的，我承认。

不要误会我。与孩子们一同旅行非常有趣。与孩子一起参加每年我们大家庭的海滩度假非常有趣，他们得到堂亲、表亲、姨妈和叔伯的疼爱。但是，那里还有泳池和海浪，与在曼哈顿相比有极高的溺水危险。

还有睡觉的问题。我可以告诉艾迪不要和她年长的哥哥、姐姐一起熬夜看电影吗？当然可以。但是，我们来这里是消磨时间和寻找乐趣的，所以我不能这么说。最后，我也熬夜，之后还要应对第二天她那些偏执的事情，更不用说我自己的事。

该研究同时还发现，在度假中，那些觉得假期轻松或非常轻松的人会比那些觉得假期紧张或既不紧张也不轻松的人获得更多的幸福。

旅行结束后，度假者与待在家中的人之间的幸福感水平没有明显的差异。

因此，如果这项研究得到证实和应用，那么度假的快乐源自两部分：第一是规划旅行计划，第二是假期本身的放松。

如果是与孩子们一起旅行，这就有很大差异。

这可以解释为什么妈妈们热火朝天地在社交网站脸书上计划着即将到来的迪士尼假期。我在上面看到一篇洋溢着欢乐的旅行计划：预订迪士尼快速通行证，提前几个月预订晚餐，以及选择完美的酒店和烟花观赏点。这涉及许多行程，也带来许多快乐。

我们 4 人登上了迪士尼船，我和瑞恩预订了晚餐，那天没有什么其他行程。我调查了一些孩子的俱乐部，由于年龄原因艾迪和威尔不得不分开玩。艾迪去的俱乐部是免费的，而威尔去的俱乐部每小时也只有几美元。

虽然，这完全不是我所想象的海滩度假场景——我啜饮着鸡尾酒，孩子们在温和而又安全的海浪中尽情地玩耍，我在一旁读着书，亲切地注视着他们，在那不平和的假期中，到处都能拥有几个小时安宁的时光。

我喜欢看到他们在芝麻广场水滑梯和迪士尼游轮上时脸上露出的喜悦，看到艾迪在缤纷变幻沙龙扮成安娜公主时的反应。

但是，乐趣与放松不是一回事。两者相距甚远。

换种方式思考：如果你的孩子有了自己的孩子，专注于给孩子们进行如厕训练和睡眠训练，还有一份全职工作，每天长达 16 个小时工作和育儿，晚上倒塌在床，你会为她提供什么建议呢？

难道他不需要几天的休息和充电吗？

当你觉得没有什么东西可以给予时，你就不可能全力以赴去养育孩子。当你没有精力去询问伴侣一天的情况，你就不可能成为一位好配偶。有时，“假期”意味着将孩子送到他们的祖父母或者表亲、堂亲家一两个晚上，让你和丈夫能够 24 小时不间断躺在沙发上，等孩子们回家后，你可能会做一个更好的父母。

幸福是最好的礼物

第 8 章

爱你身边的人：像对待孩子一样对待你的丈夫和你的家人

换句话说，幸福婚姻的关键就两个字：谢谢。当婚姻处于困难时期，感激会是修复夫妻关系的一种重要因素，特别是在夫妻关系发生裂痕时。例如，当面对压力时，或夫妻中一方或双方变得更加挑剔或想结束婚姻时，感激之情能打破这个恶性循环，帮助夫妻克服他们在关系中的负面交流模式。

流泪，拥抱，并承诺很快就回来。

如果我与丈夫分开的时间稍微长一点，那么我的反应就同我因公事与三岁孩子分开几天后的反应是一样的。

换句话说，有一段时间一旦与丈夫分开，我就会哭得像个婴儿一样。大约结婚一年后，我受邀出访吉隆坡。那时我刚开始我的写作生涯，无法拒绝，也没有办法带他一起去。

自从结婚后，我俩没有分开超过一个晚上。我俩形影不离，甚至喜欢相伴出去与许多共同的朋友一起玩。一想到要离开他好几天，又离得那么远，我的心像被挖空了一样。

他开车送我去机场，每靠近机场一点，我的恐惧就多一点。我即将登上头等舱飞往一个我从未去过的、富有异国情调的地方，而此时此刻的我最想要回到我们在默里山的小公寓，靠在沙发上吃着中国菜外卖。

在机场说再见时，我哭了，从抽泣到哽噎。我拥抱和亲吻他上百次才舍得离开。我离开以后，一直想着他，心里很痛苦，我好想他啊。

虽然在孩子们面前我尽量控制自己不去流泪，但这就是我在不得不离开他们超过一个晚上时的真实感受。

我与瑞恩是在圣劳伦斯大学相遇的。当时我们拥有共同的朋友，也就是说大二时我们就彼此认识，从那时起每周至少一次约出去玩。一直到毕业前几个星期，我们才确定恋爱关系。

即使现在都令我感到非常震惊，当时我那么快就爱上了他，而且是那么爱他。我们有聊不完的话题。一天晚上我们与朋友一起去大学酒吧玩，到午夜才离开，我们一直聊天，聊到早上 5 点。只用了大约三个星期我便爱上了他。

在毕业前几个星期，我们恋爱了，当时我们各自都有毕业后的计划。我要搬到科德角几个月，计划秋天去欧洲旅行；他打算去巴哈马，然后去跨境公路旅行，九月在波士顿还有份工作正等着他。

一想到要离开他，我就非常痛苦。当时我跟父母编了个故事，说我要去巴哈马见一个大学女同学，向他们要钱买飞机票。（虽然，当时我 21 岁了，但是我无法告诉我父母说我要飞往加勒比去找一个他们素未谋面的人，在他们那里这是行不通的。）当我下飞机时，瑞恩到机场接我，手里还举了“巴哈马妈妈”的标语，之后我们更加相爱。

生活总会将我们分隔两地，那个夏天他前往波士顿工作，而我去欧洲旅行后前往纽约 NBC 工作。一年时间里两地来来往往，是时候考虑我俩其中一个人搬家了。那个人就是我，我搬到了他所在的波士顿。随后我在波士顿工作了几年，之后又在共同基金公司有过一段失败的工作经历，我决定攻读新闻研究生学位，因为是时候振作起来了。新闻记者看上去是一份令人敬佩的职业，最重要的是，不用像在共同基金公司那样，每天工作都要按规定穿着衬衫、连裤袜和闭趾鞋，这对我的灵魂简直是一种摧残。在我毕业后不久，我们就订婚了，然后回到纽约——我家人居住的城市。

我和瑞恩结婚 7 年后，艾迪出生了。如果你觉得与同一个人 7 年（这还不算额外的几年约会和订婚的时间）每天都待在一起会很无聊，那么现在你再回想一下，其实一切都很美好。瑞恩和我彼此都十分喜欢我们的工作。

我意识到了，这一次是超乎正常的喜欢。当然，我们爱我们的朋友。我们也同样喜欢出外吃饭，泡吧，参加有很多陌生人参加的聚会，坐在沙发上发呆，度假，或去任何地方……单独的。

类似吉隆坡事件多年来多次重演。每当我们中有一人不得不离开一个晚上，我们就会在公寓门口又哭（我）又抱。此外，我每天早上都会为他做早餐，还会在出门上班前那段时间坐下来聊天。

我们开玩笑地将此称作早晨会议，虽然回想起来，在孩子们到来前根本没有太多事要讨论，主要谈论晚上吃什么之类的事情。我们白天用电子邮件聊天，晚上回家见面。

近来，每天早上我离开公寓去上班时仍然会上演那一幕。如果需要离开数日，那更是撕心裂肺。但是，现在哭的是孩子们。

首先是艾迪的拖延术。当她看到我在找外套，就会说：“妈咪，我要 nie nie（奶奶）！”她会央求我：“妈咪，帮我穿衣衣。”虽然我一直试图在最后 45 分钟帮她穿衣脱衣，但都是白费力气。最后，她小声地说：

“妈妈，我不想让你上班。”然后，又哭又黏着我。如果不是我那亲爱的妈妈在我工作时陪伴着他们，我真的会想我不在的这一天孩子们到底发生了什么事。

我们拥抱，不断亲吻，击掌，说了一遍又一遍“我爱你”，承诺白天会给她打电话，晚上回家一起做什么。

我在电话中跟艾迪说话，接着跟威尔说话。我妈说，当威尔从听筒里听到我的声音时，一直亲吻着手机。我每天至少三次从办公室打电话回家。我坐在开放的新闻编辑办公室工作，办公室里只有我每天打这么多私人电话。我发现，很多时候这真的会有损我在办公室的声誉，我是不是应该离开办公桌，预先约定时间再给他们打电话。后来，我决定不去在乎别人的想法，我就是想在孩子们想和我说话时给他们打电话。所以，还是那样继续打我的私人电话。

接着，我赶回家，见我的孩子们。

当我回到家，那种喜悦足以爆裂我的心。我一到家门，还未完全打开门时，就听到孩子向我走来的脚步声。门打开后，艾迪叫喊着：“妈妈！”她赶紧往我腿上扑，紧紧地抱着我，我都进不了家门。几乎每天她都会送我一幅她画的画，或者一朵花或一片完美叶子，或者一块找到的漂亮石头。全都为了我。

威尔也有类似的反应。他看见我进来，不管谁抱着他——有时抱他的是瑞恩——他都会试着挣脱来找我。

我先拥抱一下艾迪，然后冲向威尔。

我从瑞恩胳膊上接过他，拥抱他，亲吻他至少10次，告诉他有多么英俊，我有多么想他。

有时，瑞恩和我会在脸颊上互吻一下，但大多时候没有互吻——因为实际上感觉有点尴尬。我们一人会问今天怎样，另一人会简单回答好或坏，接着开始忙着晚上该做的事情。

如果我比瑞恩先回家，场景也大致相同。他一回到家先理孩子，再理我。真的会有点难受，但我完全能理解。这正常吗？

瑞恩和我有一个美好的婚姻，特别是看到身边其他人的婚姻时（他们婚姻大多数都失败）。当我与那些似乎与配偶不合的人谈话时，我感到震惊。我们的情况不也是如此吗？

我是不是忽略了瑞恩，把他的存在当成理所当然。这令我非常困扰，因为我一直是那么爱他和感激他。我知道，我们的生活比以前更加混乱，更加紧张，但我要全力去保持我们之间的亲密感，不要分开。

耐心是一种美德，也是一种必要的品质

一天早上，我来到星巴克点平时常点的东西："要一杯超大杯的香草冰咖啡，谢谢。"咖啡师没听懂。我又礼貌地重复说了一次。她还是没明白。她向我道歉，我觉得没什么，又重复了第三次。这次，她听懂了。我笑了，再次感谢她，走到柜台等几分钟取我的咖啡。

我不喜欢这样去重复。不幸的是，瑞恩经常陷入深思，当我跟他说某件事情时，如果我发现他没回应，我就会问他是否知道我刚才说什么，他会老实说不知道，然后我就开始大发脾气。这是件非常令人难受的事。事实上，在我们关系中，瑞恩比我健谈得多。但是，在我们日常谈话中，他总是随口三字并一字回答我。所以，如果我认为某件事很重要的话，我就会大声说出来，希望他听到。

星巴克发生的那一幕与我个性不符——我很自豪自己拥有尊敬他人的优秀品质。但是，如果在一个忙碌的早晨我正要去上班时，瑞恩一句

话让我重复三次，我肯定会对他发火。

我突然想，为什么对一个不认识的星巴克咖啡师我都能这么有礼貌，而对待自己在世界上最爱的丈夫却那样。

我决定像对待那个我不认识的星巴克咖啡师那样礼貌地对待我丈夫。我会像对待我们孩子们那样耐心地对待他。

感激是幸福婚姻的关键。佐治亚大学在2015年做的一项研究发现，对配偶的感激之意与相信对方重视自己，直接影响人们在婚姻中的行为与表现。而感激之意也能用来预测婚姻的美满程度。

换句话说，幸福婚姻的关键就两个字：谢谢。

当婚姻处于困难时期，感激会是修复夫妻关系的一种强烈因素，特别是在双方关系发生裂痕时特别重要。例如，当面对经济压力或夫妻一方或双方变得更加挑剔或想结束婚姻时，感激之情能打破这个恶性循环，帮助夫妇克服他们在关系中的负面交流模式，这些负能量有可能是面临当前压力所造成的结果。

研究者还说，不是取决于夫妇争吵频率，而是争吵方式，以及每天如何对待彼此。从任何方面来说，我和瑞恩真的很合拍。这些年来我们都非常清楚谁擅长做什么，我们几乎不用讨论就各自干起自己擅长的事。通常，我是负责大方向的那个人，而他是负责执行各细节的那个人。

所以，当我们决定搬进一所新公寓（可想而知这是生活中最紧张的一件事）时，正好是我在开展幸福妈妈这个实验的时候，我知道这是一个机会去实践我对瑞恩所说的话。事实上，我们真的不喜欢搬家。当然，没有人喜欢搬家，但我忍不住地想到我们现处的环境比大多数人糟糕。我俩都讨厌杂乱无序，现在离我们曾经承诺为我们的家庭打造的最佳生活状态还相距太远。

搬家是势在必行的事，于是我们各自承担起任务：负责大方向的我去找我们理想中的公寓；瑞恩将其他事情一件一件落实——谈价格，雇佣搬家公司，变更邮局和账单地址，协调搬出当前住所和搬进新住所的日期，处理所有的财务事项，聘请杂工将我那盏珍贵灯具从一个公寓搬到另一个公寓。搬家那天早晨他已安排好网络服务公司，于是我可以按我的节奏工作或做家务。

在搬家前的几个星期里，我能感受到身边所发生的事情带来的那种紧张气氛，瑞恩第一次从头到尾都没提及他为了顺利搬家所做的工作。

所以，搬进新住所的那天晚上，地上放着几十个装满东西未开封的箱子，我决定告诉他，我有多么感激他所做的这一切。

我说："嘿，我只想说谢谢你为了顺利搬家所做的一切。对此，我真的非常感激。我知道你很累，你真的很伟大，你悄无声息地把所有事情都做了。我爱你。"

"不客气，宝贝。我也爱你。"

简单的15秒谈话让公寓气氛立马变得轻松了。我们不再看着一堆未整理的东西，同时还得为孩子整理东西（孩子在我父母家待到第二天再回来）而感到沮丧。我们决定一起集中精力整理我们的卧室，先腾出个地方睡觉，把所有危险的东西收拾一旁以免受伤。

我们开箱开到大约晚上10点，最后倒在沙发上，叫了一份比萨外卖。我们打开已被瑞恩挂在合适位置的电视机，看着瑞恩已成功转入新公寓的DVR（数字视频录像机）上最喜欢的节目，很快入睡了。

一个星期后是我的生日。瑞恩送我一份礼物附带一张卡片。这对他来说是件很不寻常的事，因为他选礼物一向很慎重，送卡片不是他一贯的作风。

当他把礼物盒子递给我时，我说："哇，这次你也送我一张卡片？"白色信封简单地写着"詹妮"。我打开信封。

很多时候，我常常忘记跟你说声谢谢。我爱你。我不知道，没有你在我身边会是怎么样……

我在衣柜里有一个专放卡片的盒子。老实说，我不知道存着这些卡片干什么。但是，我将瑞恩送我的这张卡片存放在梳妆台，每周拿出来看几次，特别是在我感觉不到他的感激之情时，我会拿出来看。

夫妻吵架对儿童产生的负面影响是有据可查的。研读本书各章节时，我们会发现幸福婚姻似乎是培养快乐孩子的关键因素。（我知道，我同时也吹嘘着良好睡眠的重要性，二者并不相悖。我认为这两件事情是密切相关的：如果我们疲惫不堪，我们就不可能成为最好的自己或最好的合作伙伴。根据我的经验，如果我睡不好，就会呈现出自己最糟糕的一面，继而变成最糟糕妻子和母亲。）

虽说在许多情况下离婚是不可避免的，但仍有大量研究结果表明，父母维持婚姻比父母离婚更有利于孩子成长。

不幸的是，更惊人的发现是婚姻压力开始在孩子年幼时期就产生负面影响，此时睡眠在其中起着重要作用。美国宾州州立大学在 2011 年针对 350 多位收养子女的父母所做的一项研究表明，9 ~ 18 个月的婴儿其不良的睡眠模式有可能是受其父母婚姻冲突的影响。

研究人员选择研究收养子女的家庭是为了排除父母行为与儿童睡眠之间存在共享基因等可能原因。不管父母性情、焦虑程度和孩子出生顺序是如何，那些在 9 个月大时经历父母婚姻冲突的孩子，在 18 个月大时仍然存在睡眠问题。

也就是说，适应新生儿带来的生活变化和不稳定的睡眠模式只会对婚姻产生消极影响。毕竟，我唯一一次真正的情绪大暴发是在艾迪刚出生的头几个星期，当时我在公寓里来回走着安抚她入睡，而瑞恩却躺在床上睡觉。非常幸运地，他没有察觉到我在睡眠被剥夺后产生过杀他的这一念头。

睡眠是影响婚姻关系的一个原因，或许还同可能出现的许多其他问题相关。然而，婚姻压力对孩子，尤其是非常年幼的孩子，会产生更加严重的影响。

一项针对50对拥有3个月大的婴儿的夫妇的研究发现，父母婚姻不幸福的婴儿，其快乐能力、集中力和自我舒缓能力明显比父母婚姻幸福的婴儿低。这些夫妇还接受了临床心理学家戈特曼博士的研究测试。戈特曼博士与其妻子朱利·施瓦茨·戈特曼博士联合创办了戈特曼研究所，从事婚姻关系和亲子方面的研究长达40年，是享誉世界的人际关系研究领域的专家。

他记录了这些父母与其孩子一起玩耍的视频，发现这些夫妇不同步，在互动中没有微笑，也不相互包容。即使这些夫妇在那一刻没有发生争吵，其婴儿仍然处于紧张状态。研究者是怎么知道的呢？因为婴儿有实际的生理反应——心率加速。

在另一项研究中，戈特曼研究小组在24小时内针对63名学龄前儿童的尿液每小时进行一次抽样检查。在被戈特曼认为是“婚姻关系不稳定的家庭”中成长的3~4岁孩子，与在父母婚姻关系稳定的家庭中成长的3～4岁孩子相比，其紧张激素水平明显更高。

充满冲突的婚姻对我们的孩子长期的健康会产生什么样的影响呢？这很难说，这要等到孩子们长大后才知道。但是，行为方面产生的影响却是显而易见的：戈特曼的研究一直追踪到孩子15岁，那些身处婚姻关系不稳定的家庭中的孩子出现逃学、抑郁症、排斥同龄人、学习成绩差以及各种行为问题（更具攻击性）的概率明显更高。

当谈及有孩子后如何维持婚姻幸福时，大家最常听到的一个建议就是晚上出去约会。这个主意不错，其实雇用一个保姆，和没有孩子前那样与其他重要的人出去玩，你能从中得到更多的东西，但是不得不承认，许多人都面临着经济的压力。即使你和我一样非常幸运地有家人在附近愿意为你提供帮助，但可能难以承受得起实际开销。

刚刚过去的这个夏天，每周二晚上都是我和瑞恩的二人世界。我们在周二早上就把孩子们放到我父母家，周三晚上下班后再去接他们。连续 10 个星期如此。我们一起做了许多有趣的事情，例如，去附近一家不方便推婴儿车的意大利餐馆进餐，到公园观看莎士比亚的戏剧《暴风雨》。但是，大多数时候我们都选择在家，订外卖，坐在沙发上享受那份平静和用餐不被打断的那种久违的快乐。

还有一个额外的好处就是能够好好睡觉，不用担心半夜某个时候要带 3 岁的孩子上厕所。令人费解的是，为什么孩子在白天能够自己上厕所，而到了夜间就完全失去了这种能力，需要有人陪着去厕所？但即使不理解，我还是要陪孩子去厕所。

我们的朋友们都羡慕我们每周二能够休息不用带孩子。事实上，每周二晚上下班后我几乎不回家。虽然，晚上约会确实令我们感到非常幸福，但是，你无法确定这在照看孩子所面临的压力中能够起多久的作用。与你的配偶晚上出去约会以及离开孩子一个晚上，是每个妈妈都需要的，我们需要逃离一下现实。我们可以时常调节一下生活，但是这毕竟不是现实生活。当夜晚结束后，一切又回到现实生活。

我突然想，不仅是逃离现实，更重要的是让我们注重现实生活——实际上这让我们的日常生活变得更好，让我们的婚姻一直处于最佳状态。

“报到”的重要性

有大量研究证实，婚姻压力对孩子能够产生负面影响。奥本大学和美国天主教大学在 2013 年一项针对 251 名生活在双亲家庭中的孩子们进行了研究，结果发现目睹父母婚姻冲突会对孩子的精神与智力发展产生负面影响。

在氛围良好或至少平静的日子里建立健康婚姻关系至关重要。当经济、健康和其他因素为婚姻带来的压力使事情变得更糟时，我们能够凭借相互感激、相互尊重以及彼此相爱这些稳固的基础来迎接暴风雨。

假设一对夫妇中养家糊口的主力失去了工作，突然间，其家庭收入急剧下降，甚至变得没有收入。

现在，让我们想象两对婚姻关系不同的夫妇在面临同样的场景时会怎么应对。第一对是关系牢固的夫妻。当然，他们也会出现争吵和相互厌烦的情况，但总体来说，这对夫妇会以团队的方式去应对生活中碰到的问题。如果你去问他们有关他们之间关系的总体状态，你会发现他们都挺满意。他们彼此爱对方、尊重对方，他们一起经历过许多美好的时光。

第二对是不断争吵的夫妇，他们相互不尊重。早在失业前，他们就存在一些问题：一个感觉自己做什么都被对方当作理所应当的事；另一个感到被忽视。他们多年来在一起就不开心。他们不是作为一个团队去应对问题，而是共同存在、共同居住以及共同养育。

你认为哪一对夫妻更承受得住失业和经济困难的沉重打击呢?

夫妻之间的交流方式不仅是健康婚姻关系的关键，还是亲子交流的关键。戈特曼说，夫妇的说话方式会复制到亲子的说话方式中。

他说，批评配偶是一种性格缺陷，而且会影响孩子。

婚姻中经常出现的像“懒惰”“你总是”或“你从不”等话语，在教育孩子时也会重复这些话。

人们倾向于用他人的过错来解释自己的坏心情。

当然，确实是这样的。好心情 = 好妈妈 / 有耐心的妈妈 / 有爱的妈妈。坏心情或者压力 = 爱挑剔的妈妈 / 大喊大叫的妈妈 / 易怒的妈妈。

快乐的人会对周围的事物怀有感激之情，而不是批判。与配偶一起陷入此种模式，最终也会以相同的模式与孩子相处。

戈特曼说，与人交流并不是一件容易的事。他告诉我，这跟操控波音 747 一样困难。人们认为这应该很容易，事实却并非如此。

他说，即使是母亲与婴儿在交流中仍然有约 70%的概率会失败。

我和瑞恩都发现，在孩子们（最终）睡着之后，那些属于我俩的时间大部分都用于安排日程，讨论孩子们即将面临的事情，彩排我们与抵押贷款经纪人、治疗师、学前班老师等的谈话。于是，我们制订了一个计划，改在工作日谈论这些事。在大多数工作日，一到中午，我办公桌上的电话铃就会响，显示出一串熟悉的数字，然后我微笑着接起电话。

他说："嗨，我来报到了。"然后，我们花 5 ~ 20 分钟的时间讨论有关孩子们的事。

我的领导肯定不会为此感到高兴。但是，你知道吗？在工作时，我不会常常离开办公桌跑去厕所休息或去休息室的冰箱取午餐。如果电话铃声响起时正好有工作要忙，我会告诉瑞恩我现在不方便谈话。瑞恩的工作也非常繁忙，但他还是能够做到中午给我打电话，没有不耐烦的感觉。

在大多数日子里，我们还是有足够的时间谈论孩子的事，如日程表、家长教师会议以及需要签名的表格。如果我们在白天的时候谈妥了，那么晚上在家的时间就轻松悠闲。此时，我们就可以聊聊孩子说过的某些有趣的话或说说电视里的笑话。当所有琐事都处理完，不管做什么都更加轻松欢快。

有一段时间，我们尝试每周找一天中午见面吃午餐。事实证明，很难找到一天我俩都能够抽空离开办公室一个小时。有时候，我们在吃午餐时精神很紧张，都害怕工作堆积如山或会议提前。

虽然，夫妻总会在孩子们面前发生某些分歧和争吵，但是有些事情是不能当着孩子的面发生的。

例如，当有人将你的生活推向另一个轨道或当你的生活和婚姻处在十字路口时，无论是家人、朋友，还是邻居，不管你处在怎样特殊的情况，大人的问题从来都不适合呈现在孩子面前。此外，当年幼的孩子还处于无法理解他人需求且不愿面对深刻谈话和讨论解决方案的情况中时，请不要在孩子面前谈论大人的事。

幸运的是，那些情况通常很少出现。最常见的情形是夫妻双方对婚姻和生活极度不满，最终导致婚姻不幸福，乃至整个家庭不幸福。

许多研究表明，在婚姻关系中，女人感到幸福（对于本书来说就是妈妈感到幸福）对于整个婚姻的幸福能够起到特别重要的作用。换句话说，妻子/妈妈幸福，生活才能幸福。

2014年9月12日，罗格斯大学新闻网发表的研究报告如下。

来自艺术与科学学院社会学教授德博拉·卡尔说："我认为这归结为一个事实，当妻子对婚姻感到满意时，她们往往会为丈夫做得更多，对丈夫的生活产生积极影响。男人在关系中往往是少言的一方，他们不会将婚姻的不幸福转嫁给他们的妻子。"

卡尔和来自密歇根大学社会研究所的研究教授维姬·费里德曼在10月号刊《婚姻与家庭杂志》上联合发表了一篇关于老年人婚姻质量和幸福的研究报告。

卡尔称，这项由十大联盟大学中的两所大学所做的研究与以往的研究不同，这次是以研究配偶双方的个人感觉来评估婚姻对老年人心理健康的影响。研究人员分析了394对老年夫妻，这些夫妻参与过2009年国家收入、健康和残疾研究。参与的每对夫妻至少有一方年龄在60岁或以上，夫妻平均结婚39年。

为了评估婚姻质量，研究员询问了参与者几个问题，例如，他们的配偶是否会感激他们，是否会与他们争吵，是否理解他们的感受或是否令他们厌烦。同时还要求他们写详细的日记，记录他们在过去24小时内的活动，如购物、做家务和看电视时所感到的幸福程度。

平均而言，参与者对于他们整体生活的满意度都很高，通常是满分6分，得分5分。

卡尔说："对婚姻满意度高的夫妇，对生活的满意度和幸福感也更高。"

现在许多地方都有婚姻顾问，但是你怎么知道你何时需要婚姻顾问的帮助？你怎么知道婚姻中哪些问题属于实际的婚姻问题，而不是需要解决的个人问题？

我不会说我有答案。但是我觉得，通过改变我们自己的行为，说出我们的需求，保持礼貌和选择闭嘴而不是多说比不说好，这样可防止日复一日的烦恼变成大麻烦。

我知道这听起来有点苛刻。我们生活在一个鼓励人们不惜任何代价说出他们想法的社会。但是，我认为在婚姻中，把大约90%你想说的话忍住不说，意义重大。首先，在愤怒时所说的大多数话除了给予对方伤害之外根本没有任何意义；其次，当我们不断地唠叨或抱怨时，我们说的话不仅令人厌烦，而且还没有任何影响力。所以，当我们有什么真正重要的事情要说时，那些重要的话反而被掩盖在我们的噪音中。

我和瑞恩发生的大多数小争执都是关于"谁做得比较多"之类的话题。我得工作，他也得工作；我累了，他也累了；他是一个好爸爸，我也是一个好妈妈。我只想说，我们都在尽我们所能做到最好。

但是，总有几个星期生活似乎完全失去了平衡。他退居二线，我冲在前线。

在那些日子里保持安静是非常具有挑战性的。最近，好多事情都堆积在一起，完全不受控制，一周里大部分时间都是由我一个人来承担这些事情。其中某天瑞恩下班后得参加一个唐氏综合征治疗中心为期三个小时的董事会议；另一天晚上他要与一位潜在客户外出应酬谈工作，如果该事谈妥了将会为我们家的经济带来重大的飞跃；另外两个晚上他要前往波士顿去看望他正在接受胆结石手术的父亲；最后，他还要和好朋友一起喝酒庆祝朋友生日。

当然，这些事件中仅有一件是去玩的。但是，我还是会愤怒。整整一周的时间，从早到晚都是我一个人在忙，工作成为我唯一“休息”的时候。

但是，幸运的是，我看到一则格言警句。那是真实存在的格言警句，就挂在我住的公寓里。该格言警句名为《布朗家庭规则》，是给孩子们的行为规范。在这两年里，该格言警句一直出现在我眼前，我却从来没有想过，我们作为父母制定的这些“规则”连我们大人都不能完全遵守，却要求两个孩子严格遵守。

因为这些规则非常有用。

《布朗家庭规则》

为人和善

心怀感激

善待他人

感到自豪

说“请”字

说“谢谢”

遵守承诺

倾听彼此

明白家人有多爱你

我坚守其中许多规则，至少是在我婚姻之外的生活中坚守了。我一定可以对瑞恩心怀更多的感激之情。我一定可以对他多说“请”和“谢谢你”。

我坚守着“明白家人有多爱你”这条。在那一周里，我承担了所有的事，即使瑞恩不见踪影，我也并没有感到我不被爱着。

这样做不仅让瑞恩感受到更多来自我的爱，还能让我从中受益。让我们想一想这个问题：你曾经停下来想过，你的配偶有多么爱你才决定与你共度一生吗？我对瑞恩的爱是如此的自然、如此的强烈。每一天、我做的每一个决定、我做的每一件事，都在想着他。但他知道吗？他知道我有多么关心他的幸福吗？我想知道我做得足够好了吗？有时候，我会这样想，他与我结婚是不是委屈了，他可以得到更好的。

确实，和别人结婚对他来说也不是一件难事。实际上我们会拿过去的事开开玩笑。在与我约会前，他喜欢与讨人喜欢的人或至少不会让别人尴尬的人约会。但是，出于某种原因，他莫名地选择了我。

我忠诚、勤奋、爱笑又乐观，然而有一点不好的就是难相处。我生活中的人都会说我很难相处。瑞恩是离我最近的人了，如果别人都受不了我，瑞恩岂不是更受不了。

我所列出的那些有关我自己的优点，很容易被反驳成缺点：不灵活、情绪化、没耐心和苛刻。

但是，他仍然在我身边，而且似乎也没有任何离弃我的意思。可能即使我疯了，他还是会像我爱他一样爱我？他每天做决定时都会想到我吗？他也关心着我的幸福吗？

如果我接受这一点，将我们之间的互动建立在我们心中有这种信念的情况下，会发生什么？

我决定试试。当我按照戈特曼的建议去做，不再去批判周围的事物，而是去发现值得感激的事时，我的紧张情绪有所缓解，特别是在那些疯狂的早上。因为我开始注意到，每晚我睡觉后是瑞恩将碗放进洗碗机；每周是他安排收取送洗的衣服；每周日是他做一顿大餐让我不用操心周末那两个晚上要吃什么，以及晚上叫外卖时他总是让我先选。

他像爱我们的孩子那样爱我。是他发现泡泡秀，购买门票，并带威尔去观看，这是威尔看的第一场现场表演，表演深深吸引了他。他一直为我们的动物园会员卡续期，经常带孩子们去观看和饲养动物，即使之后他忘了帮他们洗手。他每月几次做爆米花兑现他与艾迪约定的“电影之夜”，即使艾迪不吃爆米花，但他还是很喜欢做。他通常是唯一愿意跳进游泳池里手把手教孩子游泳的爸爸，其他孩子都是妈妈来教，而在我家身为妈妈的我却坐在台上观看。

这样的事我还可以列举一大堆。

当你能够简单地了解和接受配偶是多么爱你和你的孩子们时，你就很难做出批评行为，而会更易于怀有感激之情。这是成为一个幸福妈妈的秘诀。

第 9 章

家庭如恩赐：感谢你所拥有的

我拥有现在的家人像中头奖一样幸运。"你们是一家人，这才是最重要的事。在你生活中没有什么比你的兄弟更重要。他们会比你的朋友、你的父亲陪伴你更久。"这些话一直伴随着我。我试图将这种情感传递给艾迪和威尔，现在也希望传递给第三个宝贝。

让自己变得更加快乐这一改变，已经执行了几个月了，我觉得是时候检查一下是否有成效了。

在饮食方面，（我感觉）显然大多数时间我的饮食习惯好多了。在这个实验中我试图"将自己放在首位"，再加上现在我又是"为两人而食"，更加有理由对所吃的东西深思熟虑。饮食方面的感觉变得非常好。

我一直坚守我的计划，挤出些时间与朋友进行高质量的聚会。我并没有完全舍弃陪孩子玩耍的时间（我不是一个怪物），而是缩短时长，以便我与最亲近的人能够定期见面。当我决定向所遇到的"妈妈朋友"敞开心扉时，我变得更加快乐。

由于对睡前模式进行了改造，我也获得更多的休息时间。我与丈夫夜间看电视或者 iPad 的这个坏毛病相当难戒，但是几个月后我们真的做到了。在一个指定的时间睡觉（大多数），我们能够睡得更香，也得到了更好的休息。现在我怀孕了，每天晚上都想睡觉。良好的睡眠能够对我的一天产生明显的积极效果。

现在，我的肚子越来越大，衣橱需要增加新的空间。我花钱购置了几套办公室穿的时尚孕妇服装。我允许自己平时偶尔穿黑色运动裤。这种裤子非常舒服。而且除此之外，还有什么能适合我不断增长的腰围呢?

我与丈夫对彼此更有耐心。现在我又开始从头接受一系列已安排好的产检（以及脊椎治疗师为我治疗背部），我肯定得定期看医生。虽然我的马拉松训练被搁置一旁，但我仍然精力充沛，再次拾回运动让我感觉良好。总体来说，我感到了生活和命运都控制在我手中，疲惫消失了。可以说，我变得更加快乐。

然而，我不能将幸福归因于任何东西。我觉得可以将此称作命运，或是运气。在我成为妈妈之前，我拥有现在的家人像中头奖一样幸运。这确实让我非常高兴，这两件事都发生在我开始这个小实验之前，当然事情进展得非常顺利。

我有两位慈爱的父母、两个好哥哥。哥哥们都娶了可爱的女人，我为她们是我的嫂子而感到自豪。他们生了 4 个可爱的孩子，我非常喜欢他们。

我不配得到他们。我突然想到，那些父母或兄弟姐妹堕落的人也没有做错什么，为什么要在生活中去忍受这些糟糕的家人。我明白，拥有糟糕的父母或兄弟姐妹可能使生活更困难，因为你们之间的关系非常差，但是还有些关系占据着生活的主要部分和主要的情感空间。

当我看着孩子们，我知道他们彼此是那么相爱。我希望他们的关系永远不会改变，我祈祷着，希望将我自己生活中感受到的那种亲切的家庭关系复制给他们。我感觉很幸福。我时常让爸爸、妈妈知道我有多么感激和尊重他们。我深爱着我的兄弟。但是，我还可以做得更好。我发誓：我要努力工作，向我的爸爸、妈妈以及两个兄弟表示我有多关心他们。

尊重您的母亲

我妈妈每周帮我照看两次孩子。虽然他们不承认，但是我觉得我的父母选择居住在城里公寓的最大原因是可以帮助我们照看孩子。这意味着，由我母亲照看孩子们，我就可以完全放心，如果说这世界上有像我和瑞恩一样爱着我们的孩子的人，那就是她。事实上，她在许多方面做得比我更好。

是妈妈教我将润肤液揉进纸巾。在那之前，我没有意识到用卫生纸和纸巾帮威尔擦鼻子会对他的皮肤产生如此严重的刺激。

她会关心他们舒不舒服，是否足够暖和，会不会太热了，那些鞋子会不会太紧，他们是否有适宜的冬季服装，是否有含羊毛或有绒毛的衣服，靴子、防雪装、帽子和手套会不会掉。

在给孩子洗衣服的问题上，显然我做得不到位。这是最令我发疯的事情之一。我的妈妈在我其中一个衣柜搁架上放置了各种不同的洗衣材料和熨烫设备，让孩子们的衣服始终保持在最佳状态。

自从孩子出生以来，我的妈妈一直都记得孩子们的“月生日”，每月那一天她都会为他们亲手送上礼物。你是不是也不知道什么是“月生日”？我也是，因为在我成长中没有庆祝过“月生日”。“月生日”是指每个月都在孩子出生那一日送礼物。例如，艾迪出生于10月3日，每个月的第3天，她都会得到礼物。威尔也一样。威尔出生于31日，他一般会在每个月的30日或1日收到礼物。

我甚至都不记得孩子们的月生日。

我妈妈陪我们一起来到波士顿陪威尔进行耳管手术。在孩子难受而我疲惫时，她熬夜陪孩子，她与我一起去见儿科医生。而且，她一直都是艾迪学前班的神秘访客。

她的汽车里装有安全座椅，家里配有高脚椅和婴儿床。当孩子们生病或烦恼时，她会抱着他们好几个小时。

我是个幸运儿。我的兄弟也从妈妈那里受益不少，当我嫂子上班时，我妈妈曾帮我的兄弟蒂姆照看了一段时间孩子，教我哥哥的大女儿数学。

虽然，我爸爸在照顾孩子方面比较手足无措，但是他和妈妈一样非常爱这些孙子、孙女。每次孩子到他家，他都会用DVD播放器播放他们喜欢的节目。他经常与我分享我哥哥的孩子们的成功，为孩子们感到自豪，他还非常高兴地记录了艾迪或威尔在他们照顾下做的那些聪明的事。尽管，我爸爸70多岁，他仍然工作，参加戏剧、足球比赛、音乐会和祖父母节。

事实证明，所有的这些关心让我成为一位更加快乐的成年人。伦敦大学所做的一项长期研究发现，那些感觉父母给予他们更多关心而更少心理控制行为的人，在他们的生活中更容易感到快乐和满足。

来自英国医学研究理事会（MRC）终身健康与衰老研究所的迈克·斯塔福郡博士在UCL网站上解释说："我们发现，那些父母给予了温暖和同情的人，在整个成年时期拥有更高的生活满意度和更健康的心理。相比之下，心理控制则会明显降低生活满意度和心理健康水平。心理控制包括不允许儿童自己做决定、侵犯他们的隐私权以及促进孩子对大人的依赖性。"

斯塔福郡博士说："我们从其他研究中得知，如果一个孩子能够从父母那里获得安全情感依恋，他们在成年的生活中会更具有安全感。父母也能够为我们提供一个稳定的基础，让我们去探索世界。同时，研究证实了温暖和同情可促进社会情感发展。相比之下，心理控制会限制孩子的独立性，导致他们无法调节自己的行为。"

我的父母是一种罕见的组合，他们为我们提供了令人难以置信的支持，而不是侵扰。他们对我们几乎没有任何要求，但是很乐意在需要时为我们提供帮助。因此，我和瑞恩会尽我们最大的努力去做所有令他们感到快乐的事，如参加家庭聚会，翘班或休息一天参加他们朋友的葬礼。

事实证明，大家庭甚至可以对孩子的教育产生有利影响。至少在我家是这样，这话非常对。我妈妈以前是一名数学老师，花了相当多的时间教艾迪加减法、图案等，这些都是他们在学前班都还未学到的知识。

哥本哈根大学教授马斯·迈耶·耶格在 2013 年发表的研究表明，大家庭对孩子教育所产生的影响在低收入家庭中尤为突出，而在高收入家庭中的影响相对较小。

大家庭的积极情感对孩子的影响似乎无可争议。牛津大学在 2008 年针对英国全国 1 500 名孩子进行的调查研究中发现，祖父母参与照顾孙子、孙女能够促进孩子的幸福感。

这项研究是与伦敦教育学院合作，针对英格兰和威尔士 1 596 名年龄为 11~16 岁的儿童进行的问卷调查，同时研究人员还针对其中 40 名来自不同背景的孩子进行了深入访问。

调查显示，祖父母通常比在职父母拥有更多的时间支持孩子们的活动，有条件与孙子、孙女们谈论成长中可能遇到的问题。他们还可以帮助年轻人解决问题，以及与他们谈论未来的计划。

该调查同时还表明，高素质的祖父母帮忙照看孩子会减少孩子的情绪和行为问题。

在与其他妈妈们谈论有关她们在孩子生活中的角色时，能够从中发现，似乎祖父母与父母、孩子之间的关系并不那么简单。较常见的问题是祖父母对孩子纪律要求过于严苛或过于疏松；祖父母不遵守父母对孩子食物、睡前和玩具方面的某些规定；祖父母主动向父母提供育儿建议。

这些问题非常普遍，即使在那些与自己父母关系牢固的妈妈中也普遍存在。

这可能与感觉判断有关。为人母的魔咒之一是，即使你做得很好，你也总感觉自己做错了。感觉某个时刻做得好那只是一种侥幸，那种感觉随时都会崩溃。

如果祖父母拥有较多的意见和建议，即使他们出于好心，背后没有任何不良意图，你也总会觉得你教育孩子的理念正以某种方式遭到批评。妈妈们是如此坚强，又是如此脆弱，不是吗?

比如我给孩子洗衣服的问题，就是这样的。提出这个问题，我觉得很可笑，因为我曾经说过，我们的家庭成员都非常清楚彼此经常面临的实际问题。但是，有关洗衣的争论似乎一次又一次地出现在我与母亲的关系中。

简单地说，从我的角度来看，她沉迷于洗衣和熨烫。这对我的孩子来说不是什么新鲜事。在我的成长过程中，我穿校服上学，每当早晨醒来，我的裙子和上衣都熨烫得整整齐齐，挂在门后。

我没有继承这个基因。我只分开浅色衣服和深色衣服，而且我不知道我家的熨衣板放在哪里。实际上，我妈妈是带着自己的熨衣板来我家的。她在我们的衣柜中整理出一个架子专门用于存放洗衣产品、去污剂、织物柔软剂和去皱用品。

从我母亲的角度来看，我不会按正确的方式管理孩子们的衣服，尤其是那些很贵的衣服。她说她不介意帮我照料孩子们的衣服，所以我在抱怨什么呢？她当然不是为了获得孩子的赞美，她几乎很少提及洗衣的事情，只会问我洗衣卡上还有多少钱。

但我确定我母亲对我洗衣服的“过程”表现出的不满意，感觉就像是对我的一种批评，好像我做得不够好。

在成为最幸福妈妈的这段旅程中，有某个时刻，我意识到我要停止思考，除非客观证据证明我做得不够好。我不得不承认，有些事情对别人很重要，而对我来说并不重要。以洗衣服的事为例，我决定尝试一下，感激生活中有人愿意帮我清洗和照料衣物。而对我来说，只是少做了一件事情，对吧？

但是，相关研究指出，祖父母参与育儿比不参与更好，从孩子与祖父母在一起时脸上洋溢出的快乐就能判断，这对于保持稳固的关系非常有意义，特别是对于需要变化或修复的关系。

在加拿大安大略省达勒姆地区，健康家庭部门提供了保持大家庭和谐的 5 个建议。

1. 沟通。大多数冲突都一样，沟通是解决问题的关键所在。建议尽早讨论其中的差异，让父母知道，虽然你不同意他们的观点，但是还是非常感谢他们的帮助。有关你孩子的幸福的事由你自己决定。

2. 倾听。当人们不倾听对方时，冲突会升级，因此保持冷静、积极倾听父母的话就显得非常重要。

3. 明确。向父母明确角色和界限。设定界限并不意味着剥夺祖父母的权威，而是他们必须了解他们的权威是由你自行决定的。

4. 保持冷静。最重要的是解决冲突，不要针对个人。愤怒只会让我们彼此攻击对方，而解决不了实际问题。除了倾听父母的感受，还要让父母理解你的感受。

5. 尊重。避免出现任何不尊重对方的语言或行为，如对他人不尊重地转眼珠子。虽然，你不同意父母的意见，但是应该尊重他们，他们有权拥有与你不同的想法。

尊重兄弟

我不想说假话，例如说家人没有做什么令我发疯的事，肯定有。不用去问他们，我同样确定我也做了许多惹怒他们的事情。但是，他们时不时做的那些惹怒我的事，在我们之间的大爱中显得微不足道。这些情绪爆发完，很快就过去了。

去年夏天我们一家人去海滩度假，我和大哥比利来了场积怨已久的争吵。那时正值我母亲生日，我打算那天晚上在海滩上为她举行一个生日派对。于是，我自己策划了这个活动来招待每年夏天与我们在希尔顿黑德岛度假的 20 多个家人。我是一个典型的控制狂，也可以说我责任心强，因为我控制派对的每个细节，包括购置食物、蛋糕、葡萄酒和装饰品，确保每个人知道派对的时间和地点。

当然，计划再周全也总有疏忽的地方。就在我搬运举办派对所需的东西的时候，天空开始阴沉下来。我从来没有见过海滩上下起这么急促的大雨，我不担心自己被淋湿，只担心孩子们的安全。艾迪会害怕，威尔会尖叫。同时，我还需要拆卸两个巨大的沙滩帐篷，以及带着一袋袋食物走到汽车旁或回到房子里。

当时我有 5 个月的身孕，心里有些不满，其他人都在海滩上坐了好几个小时，却让我一个孕妇去弄这些聚会的东西。当我看过去，看见比利在那里瞎指挥（而不是做些实际行动让大家离开海滩）时，我崩溃了。

我的哥哥是我见过的最善良的人。他很少批评我们，他是一个温暖而有爱的人，但他有一个习惯，就是不会主动去做他不喜欢的事，比如这次的派对策划。

我对他吼道，不要站在那儿瞎指挥，自己行动起来。具体说了什么现在记不起来了，我只记得自己当时可能说了些不好听的话。他站在几米外，立马对我的批评作出反应，向我走过来，冲我大喊大叫地指责我。这可是倾盆大雨，我们有 20 位宾客，我们两个却在提高嗓门指责对方。

我永远都不会忘记他所说的话："你不要时时刻刻感觉自己像个烈士一样。"他说，"如果你做这些事情不开心，那为什么当初要去做？没有人让你这样做时，是你自己想策划一个聚会，当别人不按照你想要的方式去做，你就感到愤怒。"

但是，他是对的。实际上，这是我生命中的一个中心主题，我从来没有忘记过。

有时，你爱的人是可以直接给你反馈的人。他们就像拿着一面镜子，让你看到自己的样子，镜中的你并不总是漂亮的。所幸的是他们一样爱着你，通常情况下他们不会轻易嚼舌根。但总有段时间，他们也会让你感到难受。当你深爱的人（你知道他是深爱着你的）明知某件事会伤害你但还是做了，这可能就是你需要去倾听他的时刻。

就像海滩上那个多雨的夜晚。

本来我们很少争吵，所以事情很快就过去了。我向他道歉，他也接受了，并且也向我道歉。第二天，我们又和好了。

我另一个哥哥蒂姆从来不会像比利一样冲我大叫。我也做过很多激怒他的事，但是我不会像那次吼比利一样吼他。他是那种不会计较而是选择让事情过去的人。我都记不起上次我们吵架是什么时候。

但是，他也是那种在你需要时第一个会想起的人。当有事情发生时，他是那个做好准备与你共同面对的人。当我发现威尔患有唐氏综合征，我一次又一次地向蒂姆哭泣和征求意见。蒂姆乘坐火车进城，来到我的办公室带我去吃午饭，当我思绪混乱时，他会坐在那里静静聆听，不会去提一些无用的建议。是他发电子邮件告诉我，我是他认识的人中最棒、最勇敢的一个。

我经常想起那个时候。我心里永远感激他对我的爱。虽然我也同样感激比利那个晚上在海滩上对待我的方式。

毋庸置疑，我非常爱他们。我突然想起，尽管我很希望艾迪和威尔成长后会非常亲近，拥有那种经常聊天和玩闹的姐弟情，而我与我自己兄弟的关系却做不到这一点。事实上，我们可以相互依靠。虽然我们彼此相见的次数有限，但我们之间如此亲近，这是一件幸运的事。

在被称为“史上最优秀的毕业演讲”中，讨论了有关兄弟姐妹情的主题。该演讲经常被误认为是由库尔特·冯内古特于 20 世纪 90 年代发表于麻省理工学院（MIT）的。但是，冯内古特从来没有发表过此演讲。事实上，这是由玛丽·施米奇为《芝加哥论坛报》撰写的专栏，作为她毕业时发表的演讲。

该演讲充满了智慧，而不只是“隔靴搔痒”。这个演讲提供了有关兄弟姐妹之间关系的引人深思的想法：“了解你的父母。你永远不会知道他们什么时候会离你而去。善待你的兄弟姐妹，他们是你追忆过去最好的桥梁，也是未来与你站在一边的人。”

未来与你站在一边的人。对于我的兄弟姐妹，这一点我非常确定，他们永远站在我身边。不是说我们经常花时间电话聊天，或者所有周末都一起出去玩。远非如此。虽然，我们见面的次数相当有限，往往一两个月才会见面，平常也只是靠发短信保持联系。

然而，当有什么好事或坏事发生时，我会告诉他们。我会先告诉瑞恩，接着告诉我父母，然后再告诉我兄弟。就是这么回事。

我希望我们的关系中能够拥有更多“只是打打电话聊聊天”的瞬间，但这不是我的风格。即使面对成为快乐妈妈的生活大改造问题，我还是得面对现实：这不可能发生在我的兄弟或任何人身上。我总是觉得，如果有我需要让你知道的事情，我会亲自告诉你；如果实在等不及想告诉你，我才会给你打电话。

但是，看到艾迪和威尔彼此那么相爱，我感到非常惊讶。我发现，我希望他们永远不要分开。艾迪溺爱威尔，反过来威尔完全崇拜她。每晚威尔先上床睡觉，我们总是会说：“好吧，给艾迪一个吻。”他会直接向她扑过去，相互拥抱，我的心都被融化了。瑞恩和我看着彼此，夜复一夜地被这纯洁的爱深深触动。

如何为他们之间的关系树立榜样？显然，我自己需要努力做一个更好的妹妹。

固有关系

研究表明，在兄弟姐妹的关系中，姐妹之间的关系比兄弟之间的关系更亲近。兄妹关系的亲近度介于两者之间。

我曾经希望我有一个妹妹，同时又非常感谢我没有妹妹。一方面，我羡慕姐妹之间相互分享的那种亲密关系；另一方面，即使这种关系再亲密，进入成年后（不是所有而是大多数情况下）的姐妹之间都会充满太多戏剧性的斗争。

就在与比利发生剧烈争吵的那一次旅行中，有一个特别的下午，我们大家坐在沙滩上。那时我有 5 个月身孕，当天根本没有办法下水，我告诉我哥哥比利：他是艾迪的教父，他应该带艾迪下水。而比利只是坐在沙滩上，更像是名义上的舅舅，并没有在水中陪艾迪玩耍保护她免于溺水。我觉得，可能是因为我就坐在那里看着，他才感觉不会发生什么事情。

恰恰相反，蒂姆注意到了，他成为“保护孩子免于溺水”的舅舅。如果我不在场，并且孩子要在水中玩耍，那么这个世界上我只信任三个人，那就是蒂姆、瑞恩和我妈妈。

但是，比利同意了我的要求，进入水中去找他们。当他们冲着浪，背对着我，我开玩笑地喊着“留下美好的回忆吧！”

几分钟后，他们将脑袋伸出水面，再次走向沙滩。我在想：“就这样？他就不能陪她久一点吗？”

即使我在几米之外，仍然可以看到当艾迪欢快地跳进沙子时，比利在痛苦地畏缩着。

我问：“发生了什么？”他脚踝有血流下来。

他说：“我不知道，突然剧痛。”

我问：“是不是水母咬的？”他们都非常熟悉这片水域，整个假期到目前为止没有人被蜇到。

他说：“我觉得不是，可能是我踩到了一个锋利的贝壳之类的东西。”

这听起来不太合理。水里没有什么锋利的贝壳，沙子也非常软，而且也不可能有类似玻璃碎片的东西。

他不是一个爱抱怨的人，但是在这一天里，我看到他有点疼痛。当夜幕降临，疼痛还并未消失，而且越来越疼。

后来大家都上床睡觉了，只有瑞恩和比利醒着，瑞恩说服比利到岛上的 24 小时急救中心看一下伤口。大约午夜时分，他们到达那里，比利描述血是从跟腱区域流出的，但最疼的地方却是脚趾。

原来他踩到了一只黄貂鱼，硬棘扎进脚部 15 厘米深。硬棘仍然留在脚内，等着胆大的医生将其取出。

黄貂鱼的硬棘为锯齿状，像牛排刀，基部有毒，将其拔出后脚部会留下细菌，必须打抗生素。更糟糕的是，锯齿碎片可能会残留在脚中，虽然他们为比利拍摄的 X 光片似乎未显示有此种情况发生。

瑞恩和比利深夜回家，当我们都醒来，听到他们讲述紧急护理中心的故事，我对比利接下来所说的第一句话感到惊讶。

“我很高兴这件事是发生在我身上，而不是发生在你或艾迪身上。”

他们在水中玩时，艾迪在比利后面只有一步之遥。我又怀孕了，是不能打抗生素的。

他的话深深地触动了我。当然，任何怀有同情心的成年人都希望由自己承受疼痛而不是由孩子承受疼痛。更重要的是，在他仍然处于持续的痛苦中时，还能第一时间想到这件事。

真正美好的时光总是过得很快。

当然，他没有因为这件事而心怀芥蒂。几个星期后，我们在中央公园为艾迪和威尔举办了以克利福德大红狗为主题的生日聚会，你猜是谁挤在一套不合身的巨大无比的大红狗服装里，从山丘跳下来与参加聚会的 30 个孩子玩游戏?

是比利。

我不知道维护成年兄弟姐妹关系的“正确”方式是什么。但我非常确定，我见过让人感到舒服的关系，我见过有的兄弟姐妹不满足于另一方愿意给予或能够给予的东西，我见过许多破碎到不可逆转的关系。

我从自己的经验获知，在艰难的时刻有人可以依靠（你知道不管怎样他都会在那里），本身就是一份礼物。我认为这正是我得到的。这很大程度上是我父母在我年轻时就植入我脑海中的观念。

我记得在我小时候，我会与哥哥们打架。我经常告诉我妈妈，那天谁欺负我，我“讨厌”谁。

我妈会这样回答我，我把她的话重新梳理一下，大概意思是：“你们是一家人，这才是最重要的事。”在你生活中没有什么人比你的兄弟更重要。他们会比你的朋友、你的父亲陪伴你走的路更长。

这些话一直伴随着我成长。现在我试图将这种情感传递给艾迪和威尔，我也希望灌输给第三个宝贝。虽然，在他们生活的现阶段，艾迪和威尔只是相互崇拜彼此而已。

研究支持我妈妈的这一说法：兄弟姐妹关系是我们生命中最深刻、最重要、最持久的一种关系。此话言之有理，我们忠诚于一个与我们有一半遗传基因相同的人。对于年幼的孩子来说，维持这份情感似乎非常自然，对于年轻人来说，维持这份情感却比较艰难。

哈佛成人发展研究所曾经针对300名男性开展为期75年的研究显示，在65岁、性情开朗的男性中，有93%从小拥有亲近的兄弟姐妹关系。该研究报告还指出，在20岁之前拥有较差的兄弟姐妹关系可能会是在晚年生活中患上抑郁症的原因之一。这也表明，我们在成年后，将亲密兄弟关系维持的时间越长，对于我们的情绪越有利。（发表于《心理学杂志》）

我们希望孩子拥有令人满意的生活，特别是在他们长大成人后。在我们离开前，最好可以通过这些年尽力去培养自己与兄弟姐妹之间的这种亲密关系，为孩子们树立兄弟姐妹亲密关系的榜样。我很庆幸我有兄弟姐妹去实现这一点。

第 10 章

大人也需要帮助：你是孩子的生活导师，谁又是你的生活导师

做父母最有趣的事情之一是：没人会教你如何做父母。我的育儿观念主要来源于我自己的快乐童年。但是，有很多时候，尽管遵循成为最幸福妈妈的原则，我还是会迷失。也许，是时候需要一个专业导师了。

“自我放纵。自恋。你手中有太多时间。”

瑞恩跟我提到，他所在的新公司中有许多人都有“导师”时，我才开始去想这个问题。

我问：“你是指公司业务方面的导师，还是什么？在 ABC 新闻公司中，也有类似的导师。”

瑞恩说：“不，是生活导师。他们公司有一个家伙每周都会请导师来办公室咨询一两个小时。还有另一位高级职员，每过几个月就会飞往德克萨斯州与他的导师待一星期。”

我大声地笑了起来。我觉得太可笑了，人们为什么事事都要找人帮忙？我的意思是，克服自己的困难，行动起来，不是更好吗？

此外，我一直都在不断完善自我。自从我开始为了成为幸福妈妈作出改变的几个月来，都是在不断地完善自我。在饮食、社交、睡眠、着装以及我与丈夫和家人之间的关系等方面，我都做得很好。我的意思是，至少我很高兴、很快乐。但是，这就是最幸福的状态了吗？如果我打算做某个改变，那么就要把一切都做好。我会尽我所能完成这一改变。

如果孩子们碰到问题来找我（随着他们长大肯定会有越来越多的问题），我要做他们的导师，提供肩膀给他们哭泣。虽然，我有一个绝妙的“支撑网”，但我不得不想，那么谁又是我的导师？

做父母最有趣的事情之一是没人会教你如何做父母。人们可以教你如何带孩子，如何给他洗澡，甚至如何对他进行睡觉训练。但是，这不是真正的养育。这只是满足孩子的基本需要。育儿可不是这么一回事，而是父母对孩子一天一天的影响，通过无数简单的词语和行动将孩子塑造成你想要的人。

对我来说，我想让我的孩子成为什么样的人，用一个词来总结就是：快乐的人。

当然，我的育儿观念主要来源于我自己快乐的童年。我会去回顾我父母养育我的方式，从中学会无条件的爱和支持。我时常读书，我是多个网上父母群的成员，时常为那些处于家庭战争中的妈妈提供合理的建议。

但是，在很多时候，尽管我遵循成为最幸福妈妈的原则，但我还是会迷失，偶尔会有不安全感，有时则是完全没有安全感。尽管，我拥有健全的支撑系统，但我不想给丈夫或父母带来负担。而且有些事情，我觉得他们不懂。大多数情况下，如果我表达担心的话，他们会对我说：“太可笑了，你是个好妈妈！”或者他们会试图去解决一个连他们都解决不了的问题。

也许，是时候有一个专业导师了。

于是，我想到了我在上东区认识的一位名叫梅勒妮·鲁德尼克的女人。她是一位生活导师，我采访过她，并为 ABC 新闻公司撰写了一篇有关她的育儿理念的文章。她似乎很幸福。

我决定向她寻求帮助，在撰写此书之初，生活中某个方面的问题一直困扰着我，那就是关于我女儿艾迪吃饭的问题。我希望寻求些意见解决我与孩子之间的这个顽固的难题。出乎我意料的是，梅勒妮的指导和建议很快就帮我度过生活中最紧张的时刻。

不是有关法国炸薯条的事

不断出现的一个问题是艾迪的饮食问题。之前我已经发过牢骚，后来得益于我的饮食大改造方案，我的饮食比以往任何时候都更加健康，但是艾迪仍然只吃一种蔬菜——胡萝卜条。如果将炸薯条也算上，那么也只是两种蔬菜。她摄入的食物种类很少，喜欢把零食当正餐吃。我在网上搜寻的那些将健康食品巧妙融入孩子食物的方法并没有产生任何效果。

时而，我会挑起战争，没有充分理由的战争；时而，我会感到十分内疚，觉得自己不称职。直到今天，她从来没有吃过一块肥猪肉、红肉或鱼。她连尝都没尝过，怎么会产生如此强烈的厌恶感呢？当我建议她尝一尝时，她就会做出恶心想吐的样子。

我承认，家长与孩子们之间这种关于吃东西的斗争并不罕见。我脑中一直想这件事，也告诉了瑞恩或家人，但实际改变不了什么，而且我经常会被反驳道：“没事，她长得多健康。”或“等她长大了就不会有问题了。”

我知道他们也想帮忙，但他们忽视我所顾虑的问题，总是说：“没关系。”我不知道为什么，一听到这句话我就恼火。

换句话说，那些都是一大堆爱的话语，而提供不了实际的帮助。

在我生命的某个时刻，我有想过为艾迪聘请一个育儿导师或者营养学家。但是，由于拥有像对待孩子一样对待自己这一新的理念，我决定采取不同的策略。艾迪不需要帮助，我需要。我决定让梅勒妮试试，让她成为我的生活导师。她没有教我如何强迫孩子们吃他们不喜欢的食物。相反，她给我提供了其他方法。也就是说，从我们短短相处的时间里所学到的最重要的事情是：脑中一直出现“我做得不够”或者“我做得不够好”之类的话，是不对的。

她说：“只是你自己这么认为，但并不意味着这就是真的。”

第一次见面我们直接进入主题。她问我的第一个问题是：“到底发生了什么事情？”在几分钟的接触中，我跟她讲，我有时会为孩子做太多事而压得自己喘不过气来，同时又会因为自己没做好而感到焦虑，这种矛盾式焦虑主导着每个母亲的生活。

与梅勒妮谈话就像与朋友谈话一样，我们总共谈了4次，每次谈话结束后，她都会为你提供一些发人深思的反馈和练习让你去实践。

焦虑便成为我们对话的中心主题。不是担心，而是那种焦虑，你觉得事情越来越糟糕，然后突然又意识到你浪费了一个小时在考虑只是有可能发生或甚至不可能发生的事情。我对于这种类型的焦虑实在太熟悉了。我想，你可能也非常熟悉这种焦虑感。

我告诉梅勒妮，我有一个家庭，有一份事业，有两个孩子，其中一个有特殊需求，还有另一个孩子在肚子里，我试图挤出时间健身，为我热衷的事情筹款，拥有充足睡眠，同时又要写书……在所有的这一切中，我都想成为一个细心的妻子、女儿、姐妹、朋友。我常常会觉得要做的事情太多了。

我告诉她：“风险太高，我没有犯错的余地。”梅勒妮和我详细长谈了最近的一个情况，威尔这个秋天就要接受某个治疗项目，我正在为他寻找愿意接受他的项目。我对前景充满着担忧，发送电子邮件、制定旅行和会议，希望能找到某种方式可以解决自己的焦虑感。我开始失眠，像着了魔似的查看各项目主管发来的电子邮件，一想到人家有可能会拒绝他，我就开始难过。

然后，我们看到的每个项目都表示，很高兴威尔加入，这件事情的决定权反而在我们的手上。

她问我："你花了这么多的时间和精力去担心，却没有停下来去想想事情也许可能会是另一种结果吗？"换句话说，我是否曾经停下来想想，是不是每一个项目都会欢迎他？完全没有。

这是我从中得到的主要收获：将你的忧虑写出来，每个人都这样问自己，自己所忧虑的事情是否会产生相反的好的结果。如果可能，那么就不要去担心。

梅勒妮说，你所想的事情会产生一种恶性循环。你的想法会让你感到沮丧。

当你感到沮丧时，你就不是处于自己最好的状态下。这意味着我本该做我想做的事，例如睡觉、锻炼或实现整个实验相关的其他健康行为时，我却在担心。这种担心又会让我感到自己做得不够，继而感到沮丧，如此不断循环下去。

在某种程度上，打破这种担心和焦虑的循环是我成为最幸福妈妈的关键所在。我意识到，如果我无法突破这一点，那我永远都不会感到真正的快乐。

有一次我与梅勒妮谈得非常好，那是在我出差参加会议之后，那时我比平时拥有更多的时间。虽然，我计划着利用这些单独的时间休息和充电，但实际上我在这段时间里非常焦虑。事实证明，我空闲的时间越多，就会越焦虑。然后，我开始对这种焦虑感到生气。

她说："那就是你需要开始去控制感觉的时刻。只要你放下你所认为的那些不好的感觉，实际上你就开始放下焦虑了。"

我发现，我让自己保持忙碌的原因之一是忙碌使我不必去想太多，如果我有时间瞎想，我就会产生焦虑。我从中得到一个启示，实际上我将时间排得满满的是想让自己感觉好一些。虽然，梅勒妮指出这种应对行为对我来说没有问题，但如果生活中某个方面出问题了，那么我就必须停下来（除非你把几件事情都拖到最后几分钟完成）。

现在，当人们问我为什么总是自己承担很多事情时，我总会这样回答：因为我擅长。梅勒妮让我注意到，实际上我的这种同时处理多种事务的能力是令人钦佩的特质之一。这是来自生活的经验教训。

我每周至少会与梅勒妮进行一次谈话，我们会聊 30 分钟电话，在这些"愉快的星期"，并没有一大堆事情要讨论。在那几个星期，我们主要讨论了我生活中的各个方面：没做到一个好妈妈、没做到一个好妻子、没做到一个好女儿，当然还有我在 ABC 新闻公司的工作忧虑。

我在 ABC 新闻公司的工作对我来说是一个敏感的话题。一方面，我知道自己非常幸运能够拥有这份工作，但是，我经常会觉得自己像是个入侵者，不属于这里。我是新闻室中极少数没上过常春藤盟校的员工之一，而且有关当前时事的问题，我无法回答，这都让我感到尴尬。我甚至会穿着与大多数同事风格不同的衣服。他们像是都在做比我更重要的事情，我不应该花时间去关注那些我所喜欢的肤浅的事，如修指甲和购买高跟鞋。

当然，ABC 新闻公司是一家新闻机构，是全世界各国最受尊敬的新闻媒体之一。在那里工作后，我真正地明白其中的缘由。即使作为一名生活记者（换句话说，不是政治或世界新闻的记者），在新闻报道中我们都要坚持相同的标准。公众可能不知道，我们所报道的每一则新闻都会经过律师、审批部门和标准顾问的审查，以确保其内容的真实性。

对我来说，ABC 新闻公司是我的终极工作。我从来没有想过我会在那里工作。在被 ABC 新闻公司聘用之前，我曾在旅游网站担任编辑主任和国家媒体发言人。这意味着，我经常被要求作为 ABC 新闻公司航空旅行部门的“发言人”。所以，我会前往上西区的工作室，办理来访手续，做头发和化妆，上几分钟的镜，我一直很好奇在这个地方工作到底是怎么样的。

接着，有一天，我坐在公司的办公桌前，收到了一封来自 ABC 新闻公司在线旅行编辑的电子邮件，告知他的所有联系人他即将离开 ABC 新闻公司前往美联社工作。

我想，我的机会来了。

我加入到这份工作的残酷竞争中，经过一轮又一轮的面试，我将其他人都踢出局。我知道，我肯定会获得这份工作的。

我做到了。正在那个时候，我发现我怀了艾迪。

我想，我可以做到的。瑞恩反对我在 ABC 新闻公司工作。他觉得在 Travelocity 公司上班比较舒适，氛围友好，时间也较灵活。事实上，我刚刚从纽约办事处得到消息，在未来几个月我们将成为家庭雇员。我可以拥有世界上最具有灵活性的上下班时间以便照顾新生宝宝。

但我决定放手去做。我接受了 ABC 新闻公司提供的职位。出于我对现任老板最大的尊重，我决定与他分享这一消息，而不是突然辞职。ABC 新闻公司提供的薪水略高于我在 Travelocity 公司的薪水。

我与老板分享了这件事情，他要求我等到第二天再作决定。我答应了。第二天早上，我得到了工作晋升以及大约 20%的提薪。

ABC 新闻公司不想出与之相匹配的薪水。不错的提薪幅度和完全灵活的工作时间吸引着我，我放弃了去 ABC 新闻公司工作的梦想。就是这样，我所做的努力白白流逝了，但我从来没有停止去想如果我去了 ABC

新闻公司事情将会是怎么样。

大约7个月后，我收到了一封来自熟悉号码的语音邮件。此人是我在ABC新闻公司第一轮面试的主要联系人，他说想和我谈谈。

原来，这个职位还未聘请到人。他们愿意出与Travelocity公司相同的薪水，并且让我在家工作两天。我接受了这份工作，告诉他们我会在婴儿出生几个月后才开始工作。我在Travelocity公司请了产假，在家照顾艾迪三个月后，在2012年1月前往位于西66街47号的ABC新闻公司工作，而不能再在家里工作。

4年后，我还在那里工作。在这段时间我看着一批批人员入职、离职，4年像是一段很长的时间。实际上，同事们会问我为什么还继续在ABC新闻公司工作。事实是，我不是很确定。就像我说的，在ABC新闻公司工作是我的最终选择，我没有别的计划。当然，自从在这里工作，我的工作能力也不断成长，从最开始只处理旅行事务，到现在接管所有生活方式领域的报道，如育儿、宠物、食品、时尚、爱情等。我报道的几篇文章都排行靠前，这让我感到非常自豪。整体来说，我非常喜欢在这里工作。

我不知道我下一步要做什么。

于是，当写书的机会来临时，我非常兴奋。这跟我在ABC新闻公司所做的工作并没有冲突，甚至有点相关。但是，写书所面临的一大问题是，许多人是全职写作，而我不想放弃我的全职工作。

我将那几个星期称为“难过的星期”，生活导师梅勒妮和我有更多要讨论的事情。在那几个星期里我经常找梅勒妮谈话。但假期即将来临，妈妈有很多事情要做。于是，在那些难过的星期里，我是不得不去为度过一个“快乐”假期做一些事情。

同年，我又刚好怀上第三个宝宝。现在我不想将这些抓狂的行为归咎于怀孕和激素的问题，然而，在这种特殊情况下，我倒希望是这一因素造成的。这样的话，在陪艾迪到第一大道第 82 街的拐角参加完圣诞节音乐会大喊大叫后，一切就解决了。

几个星期前，我们搬了公寓。尽管这里有熟悉的社区以及一切便利的条件，但我们还是得搬家。前一周，也就是 12 月的第二个周末，正是威尔接受耳管和扁桃体手术的时间，我需要请两天假（没做手术之的前几个星期刚请过两天假）。所有的事情都堆积在一起——个人的事情、工作的事情，星期一上午，我的脑海一片空白，我有 13 天没有在办公室了。

手术后的第二天正好又是孩子们所期待的圣诞聚会，我要推着婴儿车，带着两个孩子，乘地铁前去参加派对。我的精神开始崩溃。

之后，我们城外的朋友计划来访，要是前一晚不用忙于带孩子们参加聚会，就可以招待客人了；要是前一天不用在家照顾病重的孩子；要是前两天不用前往波士顿与医生讨论有关婴儿手术（虽然是小手术）的事；要是前几个星期不用花时间搬家；要是我不用全职工作和写书；要是怀孕初期不经历那段害喜阶段……

但是，所有这些事情都得完成，真是令人崩溃，我只能设法将事情拖延 36 个小时。我们的客人星期天就要离开城镇，我又要为下一星期作准备。

那早上，简直是个狂躁的周一，那天艾迪要参加圣诞音乐会，而这天又是我请假 13 天后第一天上班。音乐会在早上举行，这意味着我上班会迟到，之后我要前往办公室追赶工作进度。

在音乐会后的第二天父母可以选择带孩子离开学校或者让孩子们留在学校与课堂中最亲密的朋友们度过这一天。我们说，他们一定会很开心。因为这一天主要是玩耍，不用学习。

音乐会的最后一场演奏是一位 4 岁孩子演奏的一首可爱的歌曲“欢

乐世界”，我同其他家长聊了聊，得知他们那天都决定带女儿回家，这是孩子的决定。所以，我不知道究竟谁会留在学校，老师向我保证22个孩子只有7个离开，所以，我觉得艾迪会玩得开心。

麻烦的是，就在我离开家长群，上了趟厕所的时候——就在那3分钟里，艾迪感觉到了不是每个人都会留在学校，变得非常失望。她的老师将她带到门口，她看到了瑞恩，哭了，说她也想回家。

瑞恩决定艾迪可以离开学校留在家里。其他那些也需要工作的父母自愿让艾迪与他们的女儿一起到他们家与保姆待几个小时。几个小时后，还有3个小朋友加入了他们。瑞恩显然觉得这样非常合理，这样我就有足够的时间去做我这一天必须做的事情。

当我返回家长小组时，获知这一计划发生了变化。到现在为止，艾迪还在外面，兴奋地要离开学校来一次冒险之旅。

我开始头脑发晕。

正当我对于这一些“灵活的变化”感到震惊时，其他家长、他们的保姆、瑞恩和我的妈妈（也来参加音乐会）开始询问我有关30秒前所定的这一计划的问题，我什么都想不出来，更不用提说话了。

那位和我很好的妈妈问道：“你需要我们留她到几点？”

他们的保姆问：“她们要一起吃午饭吗？”

瑞恩问：“你今天有什么必须做的事情吗？”

我妈妈问：“我陪他们待几个小时是否会有帮助？”

问题就像连发子弹一样，一个接着一个，我还没来得及反应，就已经身中百发。我一直说：“我不知道，我不知道，请给我一秒钟。”你看，大家都有别的地方要去，没有人想等，他们只是想试着寻求一个解决方案。

最后，我终于说出来，接完威尔后，大约2点30分从她朋友的保姆那里接回艾迪。我的眼泪开始流出来，不只是因为丢失了许多工作的时间，还因为在最后这几天，瑞恩完全反对我的计划。

为他们创造一个良好的环境，是我的职责。

当然，除此之外，还有过去6个星期来所面对的这些令人难以置信的压力。

我们向艾迪、艾迪的朋友和她朋友家的保姆道别，大家分开后，我终于失控了。

我失控了。

我先提高嗓门，下一分钟开始大喊大叫。我开始冲着瑞恩大叫，他没有权利对我这样做，没有权利不经我同意改变我一天的行程。我开始对我母亲大声嚷嚷，现在回想起来她可是唯一想帮助我的人。我处于季度恐慌中，开始出汗，泪水从脸上滚下来，沿着第一大道用婴儿车推着威尔，想着尽快送他到学校，这样我就可以拥有更多的时间处理工作。

瑞恩跟着我，试图从我手中接过婴儿车。

他对我喊道："你神经崩溃了。"是的。我知道。我不知为什么颤抖着，哭泣着，尖叫着。

我不停地尖叫："离我远一点！你去上班吧！我会处理的，走开！"

瑞恩掰开我紧紧抓住的婴儿车，说由他带威尔去学校。

我不会轻易失控。真的不会。我的承受能力非常强。我可能只会时不时说话有点严厉，但像这种完全崩溃的状态一年到头没有几次。

那天我去工作了，冷静了下来，最后向所有人道歉。我甚至还为朋友的保姆购买了星巴克礼品卡，感谢她在没有事先得到通知的情况下还是很亲切地接受了艾迪。

像送礼品卡这种小事情，通常是妈妈会做而爸爸不会做的事情。虽然，这只是一个小小的行为，但是我感觉非常有必要，否则这一天简直会让我疯掉。这就是妈妈每天经常会做的一件小事，而她们的丈夫是永远不会知道的。多一次停留，多刷一次信用卡，多一种方式，让我们自己在这个社会中时刻保持礼貌，表达我们的感激之情，这是我们的丈夫从来不会想到的。

接下来，就是生日聚会邀请函和感谢函。圣诞卡需要仔细挑选照片，确定地址并邮寄。

我还要为家里准备各种各样的食物，保证孩子们不会连续 3 天吃同样的东西。

每天，我们都有数百件小事要处理，这些事情从未被关注，似乎也不会引起人们的注意。你甚至不会去谈论这些事情或寻求帮助，因为花时间向他人解释为何要按你希望的方式去做，还不如自己去做。

这些事情甚至不会引起人们的注意，都是一些诸如购置食物、写感谢函和家长会等小事，穿插在养育孩子、工作、写作和搬家等“大”事中完成，而它们正是妈妈们怨恨的主要根源。

怨恨似乎可以毁掉我们成为最快乐妈妈所做的事情。实际上，有许多的外部因素可以控制，使我们的生活变得更美好。我们所吃的食物、我们的睡眠、我们想要真正快乐的内心和所要面对的斗争。对我来说，这意味着放下计较。虽然认识到瑞恩为我们家做了大量的努力，还是会感觉我做得更多。或者至少，我为人父母所产生的压力比他大，这让我觉得我比他做得多。

在任何情况下，我脑海中都未曾计较过。总有段时间、有几个月，甚至有几年，我承担着照看孩子的责任，或许在未来某些时间瑞恩会去承担更多此方面的责任，或许不会。无论是哪种情况，我都要放下，正如歌中所唱的：攻击我们身边最喜欢的人，这对我们没有什么好处，只会让我变成一个疯子。

在那个狂躁的周一，我在街上完全崩溃，几天后我与梅勒妮安排了一次谈话。我向她讲述了所发生的事情。那天她对我所说的很多话，并没有引起我的共鸣。她谈到，简简单单向瑞恩寻求帮助，让他知道我的需求很重要。事实是，瑞恩特别想帮忙。他经常问我，是否需要他的帮助，能让我轻松点。他经常会带孩子，给我单独的时间去处理我手上堆积的工作。

显然，她所说的想法似乎有点道理。

梅勒妮指出，我手上的所有事情——工作、写作、为孩子安排许多活动、极力每周为威尔安排 9 次治疗预约和 6 个治疗师预约、陪伴艾迪让她感觉到特别、房子的事情、新的公寓，以及怀宝宝的事情，这些都是我自己的选择。没有人把这些事情强加于我身上。这一切都是我自己要做的。

嗯。这是真的。我有许多机会选择接受压力不大的工作，即使那些工作的薪水很高，但我还是没有选择。

我很高兴有机会写这本书，不愿意听到不要写书的那些话。

在我发现我身怀第三个孩子时，我坚持搬家。

关于腹中胎儿，我很高兴瑞恩在得知这一消息时是那么兴奋。对他来说怎样都行，不要孩子，保持小家庭原样，都行。我是一个放不开手的人，我是需要再次拥抱新生儿的那个人。在生命中有人与我分享，我会变得更加积极，觉得生活将会变得更好。

每次谈话后，梅勒妮都会给我发送一封电子邮件，回顾我们所有的谈话以及她所提供的建议。这非常有用，减轻了我在谈话期间记笔记和记住应对方案的负担。

“你真的很忙碌，但请尝试记住，这都是你自己的选择，是你选择承担这一切。当我们做出决定时，我们都会面对两种选择。专注于美好的事物，意识到一切皆是你的选择，欣然接受并去享受该过程。”

“另一个选择是推翻我们所做的选择，因为从中你没有得到良好的感觉，只表现出压力、愤怒，以及其他负面情绪。当负面情绪出现时，重要的是考虑是否需要和可以做出改变。”

“花些时间思考一下，手上堆积了这么多事情，你的生活将会怎样。放下些事情很可能会让你感觉好一点，让你能够更加真情流露，更加平和。”

我突然醒悟，这是多么悲催的事。在过去的一年里，在我身上发生了不少好事，我却很少去享受这些事情。我总是为一件又一件的事而烦恼着，没完没了。

这样看来，我一直都拥有我想要的一切：可爱的新公寓；为大型出版社写书；事业不断上升；《早安美国》的事也进入正轨。这些都是我进入 ABC 新闻公司工作一直努力的事。

最重要的是，我拥有挚爱的丈夫和快乐的孩子。

这留给我一个棘手的问题：我到底怎么了？

当我问梅勒妮这个问题时，她开玩笑地说：“你是唯一发疯的人。”她说我身上拥有那种“不够”的东西，这是她在她的妈妈客户群中最常见的问题。

她说：“在每个人身上都有不同的表现方式，但是这都是源自于同一个原因一想尽可能成为最好的妈妈。那个狂躁的周一看起来一点都不奇怪，那是因为你感觉你在做所有一切，但是做得不够。”

答对了。

她提醒我自己所做的选择，让我记住我之所以这么忙，全都是因为我自己的选择。没有人强迫我去做这些。她说：“只是意识到这其实只是一种选择，通常就可以让人开始感觉好点。”

她跟我讲了另一个客户的故事，她拥有一对15个月大的双胞胎。她陪他们在操场上玩耍时，每一秒都感到厌恶。她所想的是怎么才可以离开那里。

然后，梅勒妮说，这经常发生在女人身上：她实际上不必在那里。她可以随时起身走开。没有人在那里阻止她。

当然，她没有。只是最终意识到，去那里是她自己的选择，这就让她在那时更能接受这件事。

有多少次回顾我们生活的某一时刻时，我们希望能更多地去享受当下？梅勒妮向她讲述了她20多岁时的情况，当时她居住在西村的一个"肮脏的"工作室公寓中，非常迫切想遇见并爱上某个人。这些曾经发生在梅勒妮身上，而如今她已经结婚并拥有一个4岁的女儿。

最近她正在和一位正经历与她当时相同情形的20多岁的人谈话。梅勒妮告诉这位年轻的女人，她很想回到过去在那个肮脏公寓的生活，哪怕只有一个星期。她跟我谈到她当时的生活时说："我希望能够更好地去享受它。"她说："我最不愿意做的是以同样的感觉去回顾这段时间发生的事。"

这也是我最害怕的地方之一，也是我撰写此书的主要动机。我希望陪伴孩子们的这些年快乐。这些日子，这些年，他们只受家人的照顾。这些日子非常忙碌，但也充满了如此多的爱和欢笑。这些是孩子们喜爱我的日子。

我甚至不想回头看。我希望我更享受这些日子，我只想享受此刻。

我问梅勒妮，那么我该怎么办呢？

再次，我从孩子身上获得了答案。

"你知道，当你问艾迪这天怎么样，她会说不错，那么这是你所能从她身上得到的吗？"

确实。她的老师会告诉我她在学校很高兴，每天都玩得很开心，让我放心。

梅勒妮说："那是因为孩子们活在当下。当你去学校接她的时候，学校任务就完成了。她会完全专注于每一刻她所参与的下个活动。

"孩子们不会记住太多的过去，也无法复杂地去考虑太远的未来。因此，他们只活在当下。"

她说："这点与成年人是完全相反的，成年人只在乎生活的过去和未来。"

她建议将电话放下。她说，这是现在要改变的一大步。

实际上，开始我并不是一个沉迷于电话的人，但是我明白有些地方需要改进。于是，我这样做了。我立刻变得更加快乐。孩子们也变得更加快乐了，因为他们得到了我更多的关注。然后，我会因为他们快乐而更加快乐。

有一天，艾迪只上半天课。我和威尔去接她，下午我和艾迪去送威尔，一起去吃午饭。我将手机放在包里。

我们谈笑风生。在奶昔小站令我感到惊奇的是，艾迪能吸引身旁坐的那些陌生人参与说话。她给我讲 4 岁的笑话，对我来说这些笑话没有任何意义，她才是最有意思的部分，我觉得很好笑。我们分享了奶酪薯条。她点了杯草莓奶昔，发现我的柠檬水更好喝，于是我们一起分享。她告诉我，她今天和我在一起有多开心，这是"史上最棒的一天。"

那天晚上，她一遍又一遍地告诉我她有多么爱我。

我和孩子们一对一相处时，我不再看电话了。我提醒自己，我并没有自己想象得那么重要，于是我决定在 24 小时内一概不回任何电子邮件或消息，除非是老板、瑞恩和父母的邮件或消息。

我在家时，会把手机放在厨房里。手机不在身边，你就不会下意识去拖动观看脸书或包含大量表情符号的群信息。大多数情况下，我忘了这回事。

我没有错失什么。相反，获益匪浅。

结束语

在成为一个快乐妈妈的过程中，我获益不少。其中最重要的是我有了另一个孩子。

宝宝的名字叫卢克·瑞恩·布朗，是我在成为最快乐妈妈旅程中所怀的。在我提交此书前10章内容的第二天，他来到了这个世界。我在写此文时，他刚好出生14个星期，他是个完美的人，为这个家画上了完美的句号。

我突然想到，如果没有开启这个试验，很可能就不会有卢克。你看，为什么我所做的这些调整和改变使我越来越幸福？因为我更加快乐，因为我更加平静，所以我做好准备迎接第三个宝宝。现在，他已经来到了我身边。

婴儿（小卢克）的到来让我们的生活陷入完全失控的局面。我刚刚适应了同两个孩子玩耍，现在变成三个。如果你是三兄弟之一或者有三个孩子，不止一个人会对你说，第三个孩子“都是自己长大不用人管”。在我印象中，第三个孩子属于那种随机应变的孩子，超级酷和随和。

卢克显然不具备这些特质。我可以毫不犹豫地说，照顾卢克的前 14 个星期远比照顾艾迪和威尔的前 14 个星期艰难得多。有些可能是卢克个性的问题（原来他不喜欢被放在一旁），或者可能只是因为还有另外两个孩子需要很多关注，无法加倍关注屋里的另一个新生儿。

在我发现自己怀了卢克时，我无意中看到了一份研究报告，它第一和第二个孩子会提高父母的幸福程度，而第三个孩子无法提高父母的幸福程度。由伦敦经济学院和加拿大韦仕敦进行的一项研究发现，父母的幸福在第一个孩子出生前后一年增加，随后迅速降低，并回到有孩子前的幸福水平。

第二个孩子出生，也是如此，然而，第二个孩子出生前后所增加的幸福感大约是第一个孩子出生的一半。第三个孩子出生给父母增加的幸福程度则完全可以忽略。

好吧，我想。对于其他人可能是这样，显然，对于我们来说并不是这样。我们对第三个孩子的到来感到更加快乐！

我可以坐在这里说，14 个星期后，他有一个良好的睡眠。那过去三个月呢？好吧，简直就是场风暴。

成为幸福妈妈所付出的那些努力全都抛之窗外。在卢克出生后，6 个星期不能锻炼。我只吃储存食物或订购外卖。虽然，我从医院回到家只减掉几斤宝宝的体重，实际上生完卢克后，我又成功长回了 5 斤，我的饮食习惯再次变坏了，更不用说缺乏运动。

连睡都没睡好。12 周龄睡 12 小时？在卢克身上并没有发生。这不完全是他的错。

我尽可能多地跟卢克待在一起，包括我们睡觉的时候。他的每一个小叹息，每一个翻身，都会弄醒我。但我不能忍受让他离开我的身边。直到卢克 4 个月大时，我去了儿科医生那里。我向医生描述了每天晚上发生在我们公寓里的睡眠危机。他告诉我要做两件事：让卢克离开我们的床，把他放在另一个房间，晚上只喂他一次，而不是 4 ~ 5 次；让他学会自己睡觉。

我在本书前面大胆地说过，如果 12 周睡 12 小时这个方法没有用，我会任由孩子哭出来。但是实际做的时候，我有一点儿心软。“他只是个孩子！”我想。然后抱着他入睡。

最后我还是采纳了医生的建议，很快，卢克从晚上 7 点睡到凌晨 5 点。

做最幸福的妈妈的原则和建议中，我最喜欢的一条就是不计任何代价也要睡好觉。现在卢克已经参加了他的第一次贝多芬小学课程，他似乎很享受这个课程，我也一样。我交了那么多新朋友，并与老朋友保持联系。我感觉到我和我的朋友时刻有联系，因为我把他们放在了优先的位置。

我花了一些时间，执行做幸福妈妈的其他原则。在运动方面，我确实履行了我的承诺——参加 2016 年马拉松。我进行深入的训练，为了运动我做了很多事。我变成一个更好的人，也成为一个更快乐、更富有成效、更和平的人。

而且艾迪也经常要求和我一起跑步，我们每次都一起，并在公园里玩几个适合四岁孩子的冲刺。如果我们能保持这个运动习惯，她会成长为不仅是卫生纸使用方面的专家，而且是一个跑步爱好者。

最让我惊讶的变化是：这些妈妈朋友那么快就成为我生命中如此重要的一部分。这从来没在我身上发生过。我的大学和儿时的朋友将永远是我生命中重要的一部分。但是这些妈妈朋友——也许是因为我们相似的生活环境，也许是因为我们生活在同一个街区，住得很近，或者也许是因为她们是真正美好的人——已经成为我的一个巨大的快乐来源。她们已经帮助我与孩子们释放掉一次又一次的压力。我们一起聚会，她们对我的孩子很亲切。她们会送给我礼物并在卢克出生时来拜访。她们让成为妈妈这件事变得更有乐趣。

就假期而言，我在卢克 12 周的时候放下卢克去度假，但我没有带走瑞安。不像那次我们带艾迪和威尔到迪士尼玩，这次我把他们留在家里，他们有他们的生活的时间。是的，我忙碌的工作值得拥有一个假期。几个星期后我就要去了。酒店已经预订，机票也买好了。我们会在那里待一个星期。我真想马上就去。

至于瑞恩，他对家人的爱让我感到惊奇。他和孩子们在一起的时候是那样的快乐。当我停止批评并开始赞美时，我看到那么多美好的事情。

我在成为最幸福的妈妈的改变过程中，学到了很多关于自己的事。其中的核心规则是：像照顾孩子一样照顾你自己。但也有一种认识，幸福不是降临到你身上的事情。这不是运气、金钱的结果，也不是我们无法控制的东西，幸福是一个选择。

艾迪现在 4 岁，很快就要去幼儿园。威尔也会去同一所学校。卢克现在刚刚 6 个月大。每当我意识到时间过得这么快就忍不住流出眼泪。现在，我仍然是他们世界的中心，我不知道这会持续多久，但在此期间，为了他们，我选择做一个幸福的妈妈。